Cambridge Plain Texts

LESSING

HAMBURGISCHE
DRAMATURGIE
II

LESSING

HAMBURGISCHE
DRAMATURGIE
II

CAMBRIDGE
AT THE UNIVERSITY PRESS
1955

CAMBRIDGE UNIVERSITY PRESS
Cambridge, New York, Melbourne, Madrid, Cape Town,
Singapore, São Paulo, Delhi, Mexico City

Cambridge University Press
The Edinburgh Building, Cambridge CB2 8RU, UK

Published in the United States of America by Cambridge University Press, New York

www.cambridge.org
Information on this title: www.cambridge.org/9781107633087

First Edition 1926
Reprinted 1941
1955
First published 1955
Re-issued 2013

A catalogue record for this publication is available from the British Library

ISBN 978-1-107-63308-7 Paperback

NOTE

THE sections of *Die Hamburgische Dramaturgie* included in this volume are generally regarded as among the best specimens of Lessing's polemical writings. They deal with two main subjects, allied in nature yet distinct in treatment, and the discussion of both is sharply seasoned with a bitter hatred of Voltaire. In the first group of articles Lessing examines the theory of the "three unities" in connection with Voltaire's *Mérope*; in the second he interprets Aristotle's definition of tragedy in connection with Weisse's *Richard III*.

Lessing accuses Voltaire of lack of originality in his treatment of the theme of *Mérope* and sees no advance on the *Merope* of Maffei. He then proceeds to a condemnation of the common French view of the unities of time, place, and action and offers his own view of the theory and practice of the Greeks. In the second group of articles he discusses a much larger question, viz. the excitement by tragedy of "pity" and "fear" and the consequent κάθαρσις or "purging" of the emotions.

Although we must recognize Lessing's ability in stating a problem, the clarity of his argumentation, and his vigorous eloquence, it is easy to over-estimate his originality. In recent years Professor Robertson has shown that Lessing borrowed freely from Batteux, Dacier and Curtius, and that he is sometimes inconsistent, witness his use of "Schrecken" in the earlier numbers and his condemnation of the word in LXXIV ff.[1]

[1] "Lessing's Interpretation of Aristotle" (*Modern Language Review*, 1917, Nos. 2 and 3; 1919, No. 1).

Lessing's antipathy to Voltaire deserves a word of explanation. They had met in Berlin as early as 1750 and the distinguished guest of Frederick the Great had shown the aspiring literary novice marked favour. Their relations were first disturbed by an indiscretion on the part of Lessing, who, having been entrusted by Voltaire's private secretary, Richier de Louvain, with a copy of *Le siècle de Louis XIV* before its actual publication, had incautiously shown it to others. Voltaire took offence and an estrangement ensued which had unfortunate results for Lessing. In 1765 he became a candidate for the post of Director of the Royal Library in Berlin, but his name only served to remind Frederick of Voltaire's grievance and the royal scholar precipitately offered the post to an obscure and incompetent Frenchman named Antoine Joseph Pernetty. It can hardly be doubted that Lessing attributed this check in his career to the malign influence of Voltaire.

G. WATERHOUSE

May, 1926

CONTENTS

LESSING

DIE HAMBURGISCHE DRAMATURGIE. II

Den 1. September 1767

...DEN acht und dreissigsten Abend (Dienstags, den 7ten Julius) ward die Merope des Herrn von Voltaire aufgeführt.

Voltaire verfertigte dieses Trauerspiel auf Veranlassung der Merope des Maffei; vermuthlich im Jahr 1737, und vermuthlich zu Cirey, bei seiner Urania, der Marquise du Chatelet. Denn schon im Jänner 1738 lag die Handschrift davon zu Paris bei dem Pater Brumoy, der als Jesuit, und als Verfasser des *Théâtre des Grecs*, am geschicktesten war, die besten Vorurtheile dafür einzuflössen, und die Erwartung der Hauptstadt diesen Vorurtheilen gemäss zu stimmen. Brumoy zeigte sie den Freunden des Verfassers, und unter andern musste er sie auch dem alten Vater Tournemine schicken, der, sehr geschmeichelt, von seinem lieben Sohne Voltaire über ein Trauerspiel, über eine Sache, wovon er eben nicht viel verstand, um Rath gefragt zu werden, ein Briefchen voller Lobeserhebungen an jenen darüber zurückschrieb, welches nachher, allen unberufenen Kunstrichtern zur Lehre und zur Warnung, jederzeit dem Stücke selbst vorgedruckt worden. Es wird darin für eins von den vollkommensten Trauerspielen, für ein wahres Muster erklärt, und wir können uns nun-

mehr ganz zufrieden geben, dass das Stück des
Euripides gleichen Inhalts verloren gegangen; oder
vielmehr, dieses ist nun nicht länger verloren, Voltaire hat es uns wieder hergestellt....

XLIV

Den 29. September 1767

ICH komme auf den Tadel des Lindelle, welcher den
Voltaire so gut als den Maffei trifft, dem er doch nur
allein zugedacht war.

Lindelle wirft dem Maffei vor, dass er seine Scenen
oft nicht verbinde, dass er das Theater oft leer lasse,
dass seine Personen oft ohne Ursache aufträten und
abgingen; alles wesentliche Fehler, die man heut zu
Tage auch dem armseligsten Poeten nicht mehr verzeihe.—Wesentliche Fehler dieses? Doch das ist die
Sprache der französischen Kunstrichter überhaupt;
die muss ich ihm schon lassen, wenn ich nicht ganz
von vorn mit ihm anfangen will. So wesentlich oder
unwesentlich sie aber auch sein mögen; wollen wir es
Lindellen auf sein Wort glauben, dass sie bei den
Dichtern seines Volks so selten sind? Es ist wahr,
sie sind es, die sich der grössten Regelmässigkeit
rühmen; aber sie sind es auch, die entweder diesen
Regeln eine solche Ausdehnung geben, dass es sich
kaum mehr der Mühe belohnt, sie als Regeln vor-
zutragen, oder sie auf eine solche linke und gezwun-
gene Art beobachten, dass es weit mehr beleidigt, sie
so beobachtet zu sehen, als gar nicht. Besonders ist
Voltaire ein Meister, sich die Fesseln der Kunst so
leicht, so weit zu machen, dass er alle Freiheit behält,

sich zu bewegen, wie er will; und doch bewegt er sich oft so plump und schwer, und macht so ängstliche Verdrehungen, dass man meinen sollte, jedes Glied von ihm sei an einen besondern Klotz geschmiedet. Es kostet mir Ueberwindung, ein Werk des Genies aus diesem Gesichtspunkte zu betrachten; doch da es, bei der gemeinen Klasse von Kunstrichtern, noch so sehr Mode ist, es fast aus keinem andern, als aus diesem, zu betrachten; da es der ist, aus welchem die Bewunderer des französischen Theaters das lauteste Geschrei erheben: so will ich doch erst genauer hinsehen, ehe ich in ihr Geschrei mit einstimme.

1. Die Scene ist zu Messene, in dem Pallaste der Merope. Das ist, gleich Anfangs, die strenge Einheit des Orts nicht, welche, nach den Grundsätzen und Beispielen der Alten, ein Hédelin verlangen zu können glaubte. Die Scene muss kein ganzer Pallast, sondern nur ein Theil des Pallastes sein, wie ihn das Auge aus einem und eben demselben Standorte zu übersehen fähig ist. Ob sie ein ganzer Pallast, oder eine ganze Stadt, oder eine ganze Provinz ist, das macht im Grunde einerlei Ungereimtheit. Doch schon Corneille gab diesem Gesetze, von dem sich ohnedies kein ausdrückliches Gebot bei den Alten findet, die weitere Ausdehnung, und wollte, dass eine einzige Stadt zur Einheit des Orts hinreichend sei. Wenn er seine besten Stücke von dieser Seite rechtfertigen wollte, so musste er wohl so nachgebend sein. Was Corneillen aber erlaubt war, das muss Voltairen Recht sein. Ich sage also nichts dagegen, dass eigentlich die Scene bald in dem Zimmer der Königin, bald in dem oder jenem Saale, bald in dem Vorhofe, bald nach dieser bald nach einer andern

Aussicht muss gedacht werden. Nur hätte er bei diesen Abwechselungen auch die Vorsicht brauchen sollen, die Corneille dabei empfahl: sie müssen nicht in dem nämlichen Akte, am wenigsten in der nämlichen Scene angebracht werden. Der Ort, welcher zu Anfange des Akts ist, muss durch diesen ganzen Akt dauern; und ihn vollends in eben derselben Scene abändern, oder auch nur erweitern oder verengern, ist die äusserste Ungereimtheit von der Welt. —Der dritte Akt der Merope mag auf einem freien Platze, unter einem Säulengange oder in einem Saale spielen, in dessen Vertiefung das Grabmal des Kresphontes zu se en ist, an welchem die Königin den Aegisth mit eigener Hand hinrichten will: was kann man sich armseliger vorstellen, als dass, mitten in der vierten Scene, Eurikles, der den Aegisth wegführt, diese Vertiefung hinter sich zuschliessen muss? Wie schliesst er sie zu? Fällt ein Vorhang hinter ihm nieder? Wenn jemals auf einen Vorhang das, was Hédelin von dergleichen Vorhängen überhaupt sagt, gepasst hat, so ist es auf diesen; besonders wenn man zugleich die Ursache erwägt, warum Aegisth so plötzlich abgeführt, durch diese Maschinerie so augenblicklich aus dem Gesichte gebracht werden muss, von der ich hernach reden will.—Eben so ein Vorhang wird in dem fünften Akte aufgezogen. Die ersten sechs Scenen spielen in einem Saale des Pallastes: und mit der siebenten erhalten wir auf einmal die offene Aussicht in den Tempel, um einen todten Körper in einem blutigen Rocke sehen zu können. Durch welches Wunder? Und war dieser Anblick dieses Wunders wohl werth? Man wird sagen, die Thüren dieses Tempels eröffnen sich auf einmal,

Merope bricht auf einmal mit dem ganzen Volke
heraus, und dadurch erlangen wir die Einsicht in
denselben. Ich verstehe; dieser Tempel war Ihrer
verwittweten Königlichen Majestät Schlosskapelle,
die gerade an den Saal stiess, und mit ihm Communi-
cation hatte, damit Allerhöchstdieselben jederzeit
trocknes Fusses zu dem Orte ihrer Andacht gelangen
konnten. Nur sollten wir sie dieses Weges nicht
allein herauskommen, sondern auch hinein gehen
sehen; wenigstens den Aegisth, der am Ende der
vierten Scene zu laufen hat, und ja den kürzesten
Weg nehmen muss, wenn er, acht Zeilen darauf, seine
That schon vollbracht haben soll.

XLV

Den 2. October 1767

2. NICHT weniger bequem hat es sich Herr von
Voltaire mit der Einheit der Zeit gemacht. Man
denke sich einmal alles das, was er in seiner Merope
vorgehen lässt, an einem Tage geschehen; und sage,
wie viel Ungereimtheiten man sich dabei denken
muss. Man nehme immer einen völligen natürlichen
Tag; man gebe ihm immer die dreissig Stunden, auf
die Corneille ihn auszudehnen erlauben will. Es ist
wahr, ich sehe zwar keine physische Hindernisse,
warum alle die Begebenheiten in diesem Zeitraume
nicht hätten geschehen können; aber desto mehr
moralische. Es ist freilich nicht unmöglich, dass man
innerhalb zwölf Stunden um ein Frauenzimmer an-
halten und mit ihm getraut sein kann; besonders,
wenn man es mit Gewalt vor den Priester schleppen

darf. Aber wenn es geschieht, verlangt man nicht
eine so gewaltsame Beschleunigung durch die aller-
triftigsten und dringendsten Ursachen gerechtfertigt
zu wissen? Findet sich hingegen auch kein Schatten
von solchen Ursachen, wodurch soll uns, was bloss
physischer Weise möglich ist, denn wahrscheinlich
werden? Der Staat will sich einen König wählen;
Polyphont und der abwesende Aegisth können allein
dabei in Betrachtung kommen; um die Ansprüche
des Aegisth zu vereiteln, will Polyphont die Mutter
desselben heirathen; an eben demselben Tage, da
die Wahl geschehen soll, macht er ihr den Antrag;
sie weiset ihn ab; die Wahl geht vor sich, und fällt
für ihn aus; Polyphont ist also König, und man sollte
glauben, Aegisth möge nunmehr erscheinen, wenn er
wolle, der neuerwählte König könne es, fürs erste,
mit ihm ansehen. Nichts weniger; er besteht auf
der Heirath, und besteht darauf, dass sie noch desselben Tages vollzogen werden soll; eben des Tages,
an dem er Meropen zum erstenmale seine Hand
angetragen; eben des Tages, da ihn das Volk zum
Könige ausgerufen. Ein so alter Soldat, und ein so
hitziger Freier! Aber seine Freierei ist nichts als
Politik. Desto schlimmer; diejenige, die er in sein
Interesse verwickeln will, so zu misshandeln! Merope
hatte ihm ihre Hand verweigert, als er noch nicht
König war, als sie glauben musste, dass ihm ihre
Hand vornehmlich auf den Thron verhelfen sollte;
aber nun ist er König, und ist es geworden, ohne sich
auf den Titel ihres Gemahls zu gründen; er wieder-
hole seinen Antrag, und vielleicht giebt sie es näher;
er lasse ihr Zeit, den Abstand zu vergessen, der sich
ehedem zwischen ihnen befand, sich zu gewöhnen,

ihn als ihres gleichen zu betrachten: und vielleicht ist
nur kurze Zeit dazu nöthig. Wenn er sie nicht ge-
winnen kann, was hilft es ihm, sie zu zwingen? Wird
es ihren Anhängern unbekannt bleiben, dass sie ge-
zwungen worden? Werden sie ihn nicht auch darum
hassen zu müssen glauben? Werden sie nicht auch
darum dem Aegisth, sobald er sich zeigt, beizutreten,
und in seiner Sache zugleich die Sache seiner Mutter
zu betreiben, sich für verbunden achten? Vergebens,
dass das Schicksal dem Tyrannen, der ganzer fünfzehn
Jahre sonst so bedächtig zu Werke gegangen, diesen
Aegisth nun selbst in die Hände liefert, und ihm
dadurch ein Mittel, den Thron ohne alle Ansprüche
zu besitzen, anbietet, das weit kürzer, weit unfehl-
barer ist, als die Verbindung mit seiner Mutter: es
soll und muss geheirathet sein, und noch heute, und
noch diesen Abend.

Kann man sich etwas komischeres denken? In
der Vorstellung, meine ich; denn dass es einen Menschen, der nur einen Funken von Verstande hat, ein-
kommen könne, wirklich so zu handeln, widerlegt
sich von selbst. Was hilft es nun also dem Dichter,
dass die besondern Handlungen eines jeden Akts zu
ihrer wirklichen Ereignung ungefähr nicht viel mehr
Zeit brauchen würden, als auf die Vorstellung dieses
Akts geht; und dass diese Zeit mit der, welche auf
die Zwischenakte gerechnet werden muss, noch lange
keinen völligen Umlauf der Sonne erfordert: hat er
darum die Einheit der Zeit beobachtet? Die Worte
dieser Regel hat er erfüllt, aber nicht ihren Geist.
Denn was er an Einem Tage thun lässt, kann zwar
an Einem Tage gethan werden, aber kein vernünftiger
Mensch wird es an Einem Tage thun. Es ist an der

physischen Einheit der Zeit nicht genug: es muss auch
die moralische dazu kommen, deren Verletzung allen
und jeden empfindlich ist, anstatt dass die Verletzung
der erstern, ob sie gleich meistens eine Unmöglichkeit involvirt, dennoch nicht immer so allgemein
anstössig ist, weil diese Unmöglichkeit Vielen unbekannt bleiben kann. Wenn z. E. in einem Stücke,
von einem Orte zum andern gereiset wird, und diese
Reise allein mehr als einen ganzen Tag erfordert, so
ist der Fehler nur denen merklich, welche den Abstand des einen Orts von dem andern wissen. Nun
aber wissen nicht alle Menschen die geographischen
Distanzen; aber alle Menschen können es an sich
selbst merken, zu welchen Handlungen man sich
Einen Tag, und zu welchen man sich mehrere nehmen sollte. Welcher Dichter also die physische Einheit der Zeit nicht anders als durch Verletzung der
moralischen zu beobachten versteht, und sich kein
Bedenken macht, diese jener aufzuopfern, der versteht sich sehr schlecht auf seinen Vortheil, und
opfert das Wesentlichere dem Zufälligen auf.—Maffei
nimmt doch wenigstens noch eine Nacht zu Hülfe;
und die Vermählung, die Polyphont der Merope heute
andeutet, wird erst den Morgen darauf vollzogen.
Auch ist es bei ihm nicht der Tag, an welchem Polyphont den Thron besteigt; die Begebenheiten pressen
sich folglich weniger; sie eilen, aber sie übereilen sich
nicht. Voltairens Polyphont ist ein Ephemeron von
einem Könige, der schon darum den zweiten Tag
nicht zu regieren verdient, weil er den ersten seine
Sache so gar albern und dumm anfängt.

3. Maffei, sagt Lindelle, verbinde öfters die Scenen
nicht, und das Theater bleibe leer; ein Fehler, den

man heut zu Tage auch den geringsten Poeten nicht
verzeihe. ,,Die Verbindung der Scenen,'' sagt Corneille, ,,ist eine grosse Zierde eines Gedichts, und
nichts kann uns von der Stetigkeit der Handlung
besser versichern, als die Stetigkeit der Vorstellung.
Sie ist aber doch nur eine Zierde und keine Regel;
denn die Alten haben sich ihr nicht immer unterworfen, u. s. w.'' Wie? ist die Tragödie bei den
Franzosen seit ihrem grossen Corneille so viel vollkommener geworden, dass das, was dieser bloss für
eine mangelnde Zierde hielt, nunmehr ein unver-
zeihlicher Fehler ist? Oder haben die Franzosen seit
ihm das Wesentliche der Tragödie noch mehr verkennen gelernt, dass sie auf Dinge einen so grossen
Werth legen, die im Grunde keinen haben? Bis uns
diese Frage entschieden ist, mag Corneille immer
wenigstens eben so glaubwürdig sein, als Lindelle;
und was, nach jenem, also eben noch kein ausgemach-
ter Fehler bei dem Maffei ist, mag gegen den minder
streitigen des Voltaire aufgehen, nach welchem er das
Theater öfters länger voll lässt, als es bleiben sollte.
Wenn z. E. in dem ersten Akte, Polyphont zu der
Königin kommt, und die Königin mit der dritten
Scene abgeht, mit was für Recht kann Polyphont in
dem Zimmer der Königin verweilen? Ist dieses Zimmer der Ort, wo er sich gegen seinen Vertrauten so
frei herauslassen sollte? Das Bedürfniss des Dichters
verräth sich in der vierten Scene gar zu deutlich, in
der wir zwar Dinge erfahren, die wir nothwendig
wissen müssen, nur dass wir sie an einem Orte erfahren, wo wir es nimmermehr erwartet hätten.

4. Maffei motivirt das Auftreten und Abgehen
seiner Personen oft gar nicht:—und Voltaire motivirt

es eben so oft falsch; welches wohl noch schlimmer ist. Es ist nicht genug, dass eine Person sagt, warum sie kommt, man muss auch aus der Verbindung einsehen, dass sie darum kommen müssen. Es ist nicht genug, dass sie sagt, warum sie abgeht, man muss auch in dem Folgenden sehen, dass sie wirklich darum abgegangen ist. Denn sonst ist das, was ihr der Dichter desfalls in den Mund legt, ein blosser Vorwand, und keine Ursache. Wenn z. E. Eurikles in der dritten Scene des zweiten Akts abgeht, um, wie er sagt, die Freunde der Königin zu versammeln; so müsste man von diesen Freunden und von dieser ihrer Versammlung auch hernach etwas hören. Da wir aber nichts davon zu hören bekommen, so ist sein Vorgeben ein schülerhaftes *Peto veniam exeundi*, mit der ersten besten Lüge, die dem Knaben einfällt. Er geht nicht ab, um das zu thun, was er sagt, sondern um, ein Paar Zeilen darauf, mit einer Nachricht wiederkommen zu können, die der Poet durch keinen andern ertheilen zu lassen wusste. Noch ungeschickter geht Voltaire mit dem Schlusse ganzer Akte zu Werke. Am Ende des dritten sagt Polyphont zu Meropen, dass der Altar ihrer warte, dass zu ihrer feierlichen Verbindung schon alles bereit sei; und so geht er mit einem *Venez, Madame*, ab. Madame aber folgt ihm nicht, sondern geht mit einer Exklamation zu einer andern Koulisse hinein; worauf Polyphont den vierten Akt wieder anfängt, und nicht etwa seinen Unwillen äussert, dass ihm die Königin nicht in den Tempel gefolgt ist, (denn er irrte sich, es hat mit der Trauung noch Zeit) sondern wiederum mit seinem Erox Dinge plaudert, über die er nicht hier, über die er zu Hause in seinem Gemache, mit ihm hätte

schwatzen sollen. Nun schliesst auch der vierte Akt,
und schliesst vollkommen wie der dritte. Polyphont
citirt die Königin nochmals nach dem Tempel;
Merope selbst schreit:

Courons tous vers le temple, où m'attend mon outrage;

und zu den Opferpriestern, die sie dahin abholen
sollen, sagt sie:

Vous venez à l'autel entraîner la victime.

Folglich werden sie doch gewiss zu Anfange des fünften Akts in dem Tempel sein, wo sie nicht schon gar
wieder zurück sind? Keins von beiden; gut Ding
will Weile haben; Polyphont hat noch etwas vergessen,
und kommt noch einmal wieder, und schickt auch die
Königin noch einmal wieder. Vortrefflich! Zwischen
dem dritten und vierten, und zwischen dem vierten
und fünften Akte geschieht demnach nicht allein das
nicht, was geschehen sollte; sondern es geschieht auch
platterdings gar nichts, und der dritte und vierte Akt
schliesst bloss, damit der vierte und fünfte wieder
anfangen können.

XLVI

Den 6. October 1767

EIN anderes ist, sich mit den Regeln abfinden; ein
anderes, sie wirklich beobachten. Jenes thun die
Franzosen; dieses scheinen nur die Alten verstanden
zu haben.

Die Einheit der Handlung war das erste dramatische Gesetz der Alten; die Einheit der Zeit und die

Einheit des Orts waren gleichsam nur Folgen aus jener, die sie schwerlich strenger beobachtet haben würden, als es jene nothwendig erfordert hätte, wenn nicht die Verbindung des Chors dazu gekommen wäre. Da nämlich ihre Handlungen eine Menge Volks zum Zeugen haben mussten, und diese Menge immer die nämliche blieb, welche sich weder weiter von ihren Wohnungen entfernen, noch länger aus denselben wegbleiben konnte, als man gewöhnlichermassen der blossen Neugierde wegen zu thun pflegt: so konnten sie fast nicht anders, als den Ort auf einen und eben denselben individuellen Platz, und die Zeit auf einen und eben denselben Tag einschränken. Dieser Einschränkung unterwarfen sie sich denn auch *bona fide*; aber mit einer Biegsamkeit, mit einem Verstande, dass sie, unter neun Malen, siebenmal weit mehr dabei gewannen, als verloren. Denn sie liessen sich diesen Zwang einen Anlass sein, die Handlung selbst so zu simplificiren, alles Ueberflüssige so sorgfältig von ihr abzusondern, dass sie, auf ihre wesentlichsten Bestandtheile gebracht, nichts als ein Ideal von dieser Handlung ward, welches sich gerade in derjenigen Form am glücklichsten ausbildete, die den wenigsten Zusatz von Umständen der Zeit und des Orts verlangte.

Die Franzosen hingegen, die an der wahren Einheit der Handlung keinen Geschmack fanden, die durch die wilden Intriguen der spanischen Stücke schon verwöhnt waren, ehe sie die griechische Simplicität kennen lernten, betrachteten die Einheiten der Zeit und des Orts nicht als Folgen jener Einheit, sondern als für sich zur Vorstellung einer Handlung unumgängliche Erfordernisse, welche sie auch ihren rei-

chern und verwickeltern Handlungen in eben der
Strenge anpassen müssten, als es nur immer der Gebrauch des Chors erfordern könnte, dem sie doch
gänzlich entsagt hatten. Da sie aber fanden, wie
schwer, ja wie unmöglich öfters, dieses sei; so trafen
sie mit den tyrannischen Regeln, welchen sie ihren
völligen Gehorsam aufzukündigen, nicht Muth genug
hatten, ein Abkommen. Anstatt eines einzigen Orts,
führten sie einen unbestimmten Ort ein, unter dem
man sich bald den, bald jenen, einbilden könne;
genug, wenn diese Orte zusammen nur nicht gar zu
weit auseinander lägen, und keiner eine besondere
Verzierung bedürfe, sondern die nämliche Verzierung
ungefähr dem einen so gut als dem andern zukommen
könne. Anstatt der Einheit des Tages, schoben sie
die Einheit der Dauer unter; und eine gewisse Zeit,
in der man von keinem Aufgehen und Untergehen
der Sonne hörte, in der niemand zu Bette ging, wenigstens nicht öfter als einmal zu Bette ging, mochte sich
doch sonst noch so viel und mancherlei darin ereignen,
liessen sie für Einen Tag gelten.

Niemand würde ihnen dieses verdacht haben; denn
unstreitig lassen sich auch noch so vortreffliche
Stücke machen; und das Sprichwort sagt: bohre das
Brett, wo es am dünnsten ist.—Aber ich muss meinen
Nachbar nur auch da bohren lassen. Ich muss ihm
nicht immer nur die dickeste Kante, den astigen Theil
des Brettes zeigen, und schreien: Da bohre mir durch!
da pflege ich durchzubohren!—Gleichwohl schreien
die französischen Kunstrichter alle so; besonders
wenn sie auf die dramatischen Stücke der Engländer
kommen. Was für ein Aufhebens machen sie von der
Regelmässigkeit, die sie sich so unendlich erleichtert

haben!—Doch mir ekelt, mich bei diesen Elementen
länger aufzuhalten.

Möchten meinetwegen Voltaire's und Maffei's Merope acht Tage dauern, und an sieben Orten in
Griechenland spielen! Möchten sie aber auch nur die
Schönheiten haben, die mich diese Pedanterieen vergessen machen!...

L

Den 20. October 1767

...ABER noch immer Merope!—Wahrlich, ich bedaure
meine Leser, die sich an diesem Blatte eine theatralische Zeitung versprochen haben, so mancherlei und
bunt, so unterhaltend und schnurrig, als eine theatralische Zeitung nur sein kann. Anstatt des Inhalts der
hier gangbaren Stücke, in kleine lustige oder rührende
Romane gebracht; anstatt beiläufiger Lebensbeschrei-
bungen drolliger, sonderbarer, närrischer Geschöpfe,
wie die doch wohl sein müssen, die sich mit Komö-
dienschreiben abgeben; anstatt kurzweiliger, auch
wohl ein wenig skandalöser Anekdoten von Schau-
spielern und besonders Schauspielerinnen: anstatt
aller dieser artigen Sächelchen, die sie erwarteten,
bekommen sie lange, ernsthafte, trockne Kritiken über
alte bekannte Stücke; schwerfällige Untersuchungen
über das, was in einer Tragödie sein sollte, und nicht
sein sollte; mit unter wohl gar Erklärungen des
Aristoteles. Und das sollen sie lesen? Wie gesagt, ich
bedaure sie; sie sind gewaltig angeführt!—Doch im
Vertrauen: besser, dass sie es sind, als ich. Und ich
würde es sehr sein, wenn ich mir ihre Erwartungen

zum Gesetze machen müsste. Nicht, dass ihre Erwartungen sehr schwer zu erfüllen wären; wirklich
nicht; ich würde sie vielmehr sehr bequem finden,
wenn sie sich mit meinen Absichten nur besser ver-
tragen wollten.

Ueber die Merope indess muss ich freilich einmal
wegzukommen suchen.—Ich wollte eigentlich nur erweisen, dass die Merope des Voltaire im Grunde
nichts als die Merope des Maffei sei; und ich meine,
dieses habe ich erwiesen. Nicht eben derselbe Stoff,
sagt Aristoteles, sondern eben dieselbe Verwicklung
und Auflösung machen, dass zwei oder mehrere
Stücke für eben dieselben Stücke zu halten sind.
Also, nicht weil Voltaire mit dem Maffei einerlei
Geschichte behandelt hat, sondern weil er sie mit ihm
auf eben dieselbe Art behandelt hat, ist er hier für
weiter nichts, als für den Uebersetzer und Nachahmer
desselben zu erklären. Maffei hat die Merope des
Euripides nicht bloss wieder hergestellt; er hat eine
eigne Merope gemacht; denn er ging völlig von dem
Plane des Euripides ab; und in dem Vorsatze ein
Stück ohne Galanterie zu machen, in welchem das
ganze Interesse bloss aus der mütterlichen Zärtlich-
keit entspringe, schuf er die ganze Fabel um; gut
oder übel, das ist hier die Frage nicht; genug, er
schuf sie doch um. Voltaire aber entlehnte von
Maffei die ganze so umgeschaffene Fabel; er entlehnte von ihm, dass Merope mit dem Polyphont
nicht vermählt ist; er entlehnte von ihm die politischen Ursachen, aus welchen der Tyrann, nun erst,
nach fünfzehn Jahren, auf diese Vermählung dringen
zu müssen glaubt; er entlehnte von ihm, dass der
Sohn der Merope sich selbst nicht kennt; er entlehnte

von ihm, wie und warum dieser von seinem vermein-
ten Vater entkommt; er entlehnte von ihm den Vor-
fall, der den Aegisth als einen Mörder nach Messene
bringt; er entlehnte von ihm die Missdeutung, durch
die er für den Mörder seiner selbst gehalten wird; er
entlehnte von ihm die dunkeln Regungen der mütterlichen Liebe, wenn Merope den Aegisth zum er-
stenmal erblickt; er entlehnte von ihm den Vorwand,
warum Aegisth vor Meropens Augen von ihren eignen
Händen sterben soll, die Entdeckung seiner Mitschul-
digen: mit Einem Worte, Voltaire entlehnte von
Maffei die ganze Verwicklung. Und hat er nicht
auch die ganze Auflösung von ihm entlehnt, indem er
das Opfer, bei welchem Polyphont umgebracht werden
sollte, von ihm mit der Handlung verbinden lernte?
Maffei machte es zu einer hochzeitlichen Feier, und
vielleicht, dass er bloss darum seinen Tyrannen jetzt
erst auf die Verbindung mit Meropen fallen liess,
um dieses Opfer desto natürlicher anzubringen. Was
Maffei erfand, that Voltaire nach....

LXXIII

Den 12. Januar 1768

...Den acht und vierzigsten Abend (Mittwochs, den
22. Julius) ward das Trauerspiel des Herrn Weisse,
Richard der Dritte, aufgeführt; zum Beschlusse,
Herzog Michel.

Das erstere Stück ist unstreitig eins von unsern
beträchtlichsten Originalen; reich an grossen Schönheiten, die genugsam zeigen, dass, die Fehler, mit
welchen sie verwebt sind, zu vermeiden, im gering-

sten nicht über die Kräfte des Dichters gewesen wäre, wenn er sich diese Kräfte nur selbst hätte zutrauen wollen.

Schon Shakespeare hatte das Leben und den Tod des dritten Richard auf die Bühne gebracht; aber Herr Weisse erinnerte sich dessen nicht eher, als bis sein Werk bereits fertig war. ,,Sollte ich also," sagt er, ,, bei der Vergleichung schon viel verlieren: so wird man doch wenigstens finden, dass ich kein Plagium begangen habe;—aber vielleicht wäre es ein Verdienst gewesen, an Shakespeare ein Plagium zu begehen."

Vorausgesetzt, dass man eins an ihm begehen kann. Aber was man von Homer gesagt hat: es lasse sich dem Herkules eher die Keule, als ihm ein Vers abringen, das lässt sich vollkommen auch von Shakespeare sagen. Auf die geringste von seinen Schönheiten ist ein Stempel gedrückt, welcher gleich der ganzen Welt zuruft: ich bin Shakespeares! Und wehe der fremden Schönheit, die das Herz hat, sich neben ihr zu stellen!

Shakespeare will studirt, nicht geplündert sein. Haben wir Genie, so muss uns Shakespeare das sein, was dem Landschaftsmaler die Camera obscura ist: er sehe fleissig hinein, um zu lernen, wie sich die Natur in allen Fällen auf Eine Fläche projektirt; aber er borge nichts daraus.

Ich wüsste auch wirklich in dem ganzen Stücke Shakespeares keine einzige Scene, sogar keine einzige Tirade, die Herr Weisse so hätte brauchen können, wie sie dort ist. Alle, auch die kleinsten Theile bei Shakespeare, sind nach den grossen Maassen des historischen Schauspiels zugeschnitten, und dieses verhält sich zu der Tragödie französischen

Geschmacks, ungefähr wie ein weitläuftiges Fres-
kogemälde gegen ein Miniaturbildchen für einen
Ring. Was kann man zu diesem aus jenem nehmen,
als etwa ein Gesicht, eine einzelne Figur, höchstens
eine kleine Gruppe, die man sodann als ein eigenes
Ganze ausführen muss? Eben so würden aus einzelnen Gedanken bei Shakespeare ganze Scenen, und
aus einzelnen Scenen ganze Aufzüge werden müssen.
Denn wenn man den Ermel aus dem Kleide eines
Riesen für einen Zwerg recht nutzen will, so muss
man ihm nicht wieder einen Ermel, sondern einen
ganzen Rock daraus machen.

Thut man aber auch dieses, so kann man wegen
der Beschuldigung des Plagiums ganz ruhig sein. Die
meisten werden in dem Faden die Flocke nicht
erkennen, woraus er gesponnen ist. Die wenigen,
welche die Kunst verstehen, verrathen den Meister
nicht, und wissen, dass ein Goldkorn so künstlich
kann getrieben sein, dass der Werth der Form den
Werth der Materie bei weitem übersteigt.

Ich für mein Theil bedaure es also wirklich, dass
unserm Dichter Shakespeares Richard so spät beige-
fallen. Er hätte ihn können gekannt haben, und doch
eben so original geblieben sein, als er jetzt ist; er
hätte ihn können genutzt haben, ohne dass ein ein-
ziger übertragener Gedanke davon gezeugt hätte.

Wäre mir indess eben das begegnet, so würde ich
Shakespeares Werk wenigstens nachher als einen
Spiegel genutzt haben, um meinem Werke alle die
Flecken abzuwischen, die mein Auge unmittelbar
darin zu erkennen, nicht vermögend gewesen wäre.—
Aber woher weiss ich, dass Herr Weisse dieses nicht
gethan? Und warum sollte er es nicht gethan haben?

Kann es nicht eben sowohl sein, dass er das, was ich für dergleichen Flecken halte, für keine hält? Und ist es nicht sehr wahrscheinlich, dass er mehr Recht hat, als ich? Ich bin überzeugt, dass das Auge des Künstlers grösstentheils viel scharfsichtiger ist, als das scharfsichtigste seiner Betrachter. Unter zwanzig Einwürfen, die ihm diese machen, wird er sich von neunzehn erinnern, sie während der Arbeit sich selbst gemacht, und sie auch schon sich selbst beantwortet zu haben.

Gleichwohl wird er nicht ungehalten sein, sie auch von Andern machen zu hören; denn er hat es gern, dass man über sein Werk urtheilt; schal oder gründlich, links oder rechts, gutartig oder hämisch, alles gilt ihm gleich; und auch das schalste, linkste, hämischste Urtheil ist ihm lieber, als kalte Bewunderung. Jenes wird er auf die eine oder die andere Art in seinen Nutzen zu verwenden wissen: aber was fängt er mit dieser an? Verachten möchte er die guten ehrlichen Leute nicht gern, die ihn für so etwas Ausserordentliches halten und doch muss er die Achseln über sie zucken. Er ist nicht eitel, aber er ist gemeiniglich stolz; und aus Stolz möchte er zehnmal lieber einen unverdienten Tadel, als ein unverdientes Lob auf sich sitzen lassen.—

Man wird glauben, welche Kritik ich hiermit vorbereiten will.—Wenigstens nicht bei dem Verfasser, —höchstens nur bei einem oder dem andern Mitsprecher. Ich weiss nicht, wo ich es jüngst gedruckt lesen musste, dass ich die Amalia meines Freundes auf Unkosten seiner übrigen Lustspiele gelobt hätte. Auf Unkosten? aber doch wenigstens der frühern? Ich gönne es Ihnen, mein Herr, dass man niemals

Ihre ältern Werke so möge tadeln können. Der Himmel bewahre Sie vor dem tückischen Lobe: dass Ihr letztes immer Ihr bestes ist!—

LXXIV

Den 15. Januar 1768

Zur Sache.—Es ist vornehmlich der Charakter des Richard, worüber ich mir die Erklärung des Dichters wünschte.

Aristoteles würde ihn schlechterdings verworfen haben; zwar mit dem Ansehen des Aristoteles wollte ich bald fertig werden, wenn ich es nur auch mit seinen Gründen zu werden wüsste.

Die Tragödie, nimmt er an, soll Mitleid und Schrecken erregen; und daraus folgert er, dass der Held derselben weder ein ganz tugendhafter Mann, noch ein völliger Bösewicht sein müsse. Denn weder mit des Einen noch mit des Andern Unglück, lasse sich jener Zweck erreichen.

Räume ich dieses ein: so ist Richard der Dritte eine Tragödie, die ihres Zwecks verfehlt. Räume ich es nicht ein: so weiss ich gar nicht mehr, was eine Tragödie ist.

Denn Richard der Dritte, so wie ihn Herr Weisse geschildert hat, ist unstreitig das grösste abscheulichste Ungeheuer, das jemals die Bühne getragen. Ich sage, die Bühne: dass es die Erde wirklich getragen habe, daran zweifle ich.

Was für Mitleid kann der Untergang dieses Ungeheuers erwecken? Doch, das soll er auch nicht; der Dichter hat es darauf nicht angelegt; und es sind ganz andere Personen in seinem Werke, die er zu Gegenständen unsers Mitleids gemacht hat.

Aber Schrecken?—Sollte dieser Bösewicht, der die Kluft, die sich zwischen ihm und dem Throne befunden, mit lauter Leichen gefüllt, mit den Leichen derer, die ihm das Liebste in der Welt hätten sein müssen: sollte dieser blutdürstige, seines Blutdurstes sich rühmende, über seine Verbrechen sich kitzelnde Teufel nicht Schrecken in vollem Maasse erwecken?

Wohl erweckt er Schrecken: wenn unter Schrecken das Erstaunen über unbegreifliche Missethaten, das Entsetzen über Bosheiten, die unsern Begriff übersteigen; wenn darunter der Schauder zu verstehen ist, der uns bei Erblickung vorsetzlicher Gräuel, die mit Lust begangen werden, überfällt. Von diesem Schrecken hat mich Richard der Dritte mein gutes Theil empfinden lassen.

Aber dieses Schrecken ist so wenig eine von den Absichten des Trauerspiels, dass es vielmehr die alten Dichter auf alle Weise zu mindern suchten, wenn ihre Personen irgend ein grosses Verbrechen begehen mussten. Sie schoben öfters lieber die Schuld auf das Schicksal, machten das Verbrechen lieber zu einem Verhängnisse einer rächenden Gottheit, verwandelten lieber den freien Menschen in eine Maschine: ehe sie uns bei der grässlichen Idee wollten verweilen lassen, dass der Mensch von Natur einer solchen Verderbniss fähig sei.

Bei den Franzosen führt Crébillon den Beinamen des Schrecklichen. Ich fürchte sehr, mehr von diesem Schrecken, welches in der Tragödie nicht sein sollte, als von dem ächten, das der Philosoph zu dem Wesen der Tragödie rechnet.

Und dieses—hätte man gar nicht Schrecken nennen sollen. Das Wort, welches Aristoteles braucht, heisst Furcht: Mitleid und Furcht, sagt er, soll die Tragödie erregen; nicht, Mitleid und Schrecken. Es ist wahr, das Schrecken ist eine Gattung der Furcht; es ist eine plötzliche, überraschende Furcht. Aber eben dieses Plötzliche, dieses Ueberraschende, welches die Idee desselben einschliesst, zeigt deutlich, dass die, von welchen sich hier die Einführung des Wortes Schrecken, anstatt des Wortes Furcht, herschreibt, nicht eingesehen haben, was für eine Furcht Aristoteles meine. Ich möchte dieses Weges sobald nicht wieder kommen; man erlaube mir also eine kleine Ausschweifung.

„Das Mitleid," sagt Aristoteles, „verlangt einen, der unverdient leidet und die Furcht einen unsers gleichen. Der Bösewicht ist weder dieses, noch jenes; folglich kann auch sein Unglück weder das erste noch das andere erregen."

Diese Furcht, sage ich, nennen die neuern Ausleger und Uebersetzer Schrecken, und es gelingt ihnen, mit Hülfe dieses Worttausches, dem Philosophen die seltsamsten Händel von der Welt zu machen.

„Man hat sich," sagt Einer aus der Menge, „über die Erklärung des Schreckens nicht vereinigen können; und in der That enthält sie in jeder Betrachtung ein Glied zu viel, welches sie an ihrer Allgemeinheit hindert und sie allzusehr einschränkt. Wenn Aristoteles durch den Zusatz: unsers gleichen, nur bloss die Aehnlichkeit der Menschheit verstanden hat, weil nämlich der Zuschauer und die handelnde Person beide Menschen sind, gesetzt auch, dass sich unter ihrem Charakter, ihrer Würde und ihrem Range ein unendlicher Abstand befände: so war dieser Zusatz überflüssig; denn er verstand sich von selbst. Wenn er aber die Meinung hatte, dass nur tugendhafte Personen, oder solche, die einen vorgeblichen Fehler an sich hätten, Schrecken erregen könnten: so hatte er Unrecht; denn die Vernunft und die Erfahrung ist ihm sodann entgegen. Das Schrecken entspringt unstreitig aus einem Gefühle der Menschlichkeit: denn jeder Mensch ist ihm unterworfen, und jeder Mensch erschüttert sich, vermöge dieses Gefühls, bei dem widrigen Zufalle eines andern Menschen. Es ist wohl möglich, dass irgend jemand einfallen könnte, dieses von sich zu läugnen; allein dieses würde allemal eine Verläugnung seiner natürlichen Empfindungen, und also eine blosse Prahlerei aus verderbten Grundsätzen, und kein Einwurf sein.—Wenn nun auch einer lasterhaften Person, auf die wir eben unsere Aufmerksamkeit wenden, unvermuthet ein widriger Zufall zustösst, so verlieren wir den Lasterhaften aus dem Gesichte, und sehen bloss den Menschen. Der Anblick des menschlichen Elendes überhaupt macht uns traurig, und die plötzliche traurige Empfindung, die wir sodann haben, ist das Schrecken.''

Ganz recht; aber nur nicht an der rechten Stelle! Denn was sagt das wider den Aristoteles? Nichts. Aristoteles denkt an dieses Schrecken nicht, wenn er von der Furcht redet, in die uns das Unglück unsers gleichen setzen könne. Dieses Schrecken, welches uns bei der plötzlichen Erblickung eines Leidens befällt, das einem andern bevorsteht, ist ein mitleidiges Schrecken, und also schon unter dem Mitleide begriffen. Aristoteles würde nicht sagen, Mitleid und Furcht, wenn er unter der Furcht weiter nichts als eine blosse Modifikation des Mitleids verstände.

„Das Mitleid," sagt der Verfasser der Briefe über die Empfindungen, „ist eine vermischte Empfindung, die aus der Liebe zu einem Gegenstande, und aus der Unlust über dessen Unglück zusammengesetzt ist. Die Bewegungen, durch welche sich das Mitleid zu erkennen giebt, sind von den einfachen Symptomen der Liebe sowohl als der Unlust, unterschieden; denn das Mitleid ist eine Erscheinung. Aber wie vielerlei kann diese Erscheinung werden! Man ändere nur in dem bedauerten Unglück die einzige Bestimmung der Zeit: so wird sich das Mitleid durch ganz andre Kennzeichen zu erkennen geben. Mit der Elektra, die über die Urne ihres Bruders weint, empfinden wir ein mitleidiges Trauern; denn sie hält das Unglück für geschehen, und bejammert ihren gehabten Verlust. Was wir bei den Schmerzen des Philoktet fühlen, ist gleichfalls Mitleiden, aber von einer etwas andern Natur; denn die Qual, die dieser Tugendhafte auszustehen hat, ist gegenwärtig und überfällt ihn vor unsern Augen. Wenn aber Oedip sich entsetzt, indem das grosse Geheimniss sich plötzlich entwickelt; wenn Monime erschrickt, als sie den eifersüchtigen Mithridates sich entfärben sieht; wenn die tugendhafte Desdemona sich fürchtet, da sie ihren sonst zärtlichen Othello so drohend mit ihr reden höret: was empfinden wir da? Immer noch Mitleiden! Aber mitleidiges Entsetzen, mitleidige Furcht, mitleidiges Schrecken. Die Bewegungen sind verschieden, allein das Wesen der Empfindungen ist in allen diesen Fällen einerlei. Denn, da jede Liebe mit der Bereitwilligkeit verbunden ist, uns an die Stelle des Geliebten zu setzen: so müssen wir alle Arten von Leiden mit der geliebten Person theilen, welches man sehr nachdrücklich Mitleiden nennet. Warum sollten also nicht auch Furcht, Schrecken, Zorn, Eifersucht, Rachbegier, und überhaupt alle Arten von unangenehmen Empfindungen, sogar den Neid nicht ausgenommen, aus Mitleiden entstehen können?—Man sieht hieraus, wie gar ungeschickt der grösste Theil der Kunstrichter die tragischen Leidenschaften in Schrecken und Mitleiden eintheilt. Schrecken und Mitleiden! Ist denn das theatralische Schrecken kein Mitleiden? Für wen erschrickt der Zuschauer, wenn Merope auf ihren eignen Sohn den Dolch zieht? Gewiss nicht für sich, sondern für den Aegisth, dessen Erhaltung man so sehr wünscht, und für die betrogene Königin, die ihn für den Mörder ihres Sohnes ansieht. Wollen wir aber nur die Unlust über das gegenwärtige Uebel eines Andern Mitleiden nennen: so müssen wir nicht nur das Schrecken, sondern alle übrige Leidenschaften, die uns von einem Andern mitgetheilt werden, von dem eigentlichen Mitleiden unterscheiden."

LXXV

Den 19. Januar 1768

DIESE Gedanken sind so richtig, so klar, so einleuchtend, dass uns dünkt, ein jeder hätte sie haben können, und haben müssen. Gleichwohl will ich die scharfsinnigen Bemerkungen des neuen Philosophen dem alten nicht unterschieben; ich kenne jenes Verdienste um die Lehre von den vermischten Empfindungen

zu wohl; die wahre Theorie derselben haben wir nur
ihm zu danken. Aber was er so vortrefflich aus einander gesetzt hat, das kann doch Aristoteles im
Ganzen ungefähr empfunden haben: wenigstens ist es
unläugbar, dass Aristoteles entweder muss geglaubt
haben, die Tragödie könne und solle nichts als das
eigentliche Mitleid, nichts als die Unlust über das
gegenwärtige Uebel eines Andern, erwecken, welches
ihm schwerlich zuzutrauen; oder er hat alle Leidenschaften überhaupt, die uns von einem Andern mitgetheilt werden, unter dem Worte Mitleiden begriffen.

Denn er, Aristoteles, ist es gewiss nicht, der die
mit Recht getadelte Eintheilung der tragischen Leidenschaften in Mitleid und Schrecken gemacht hat. Man
hat ihn falsch verstanden, falsch übersetzt. Er spricht
von Mitleid und Furcht, nicht von Mitleid und
Schrecken; und seine Furcht ist durchaus nicht die
Furcht, welche uns das bevorstehende Uebel eines
Andern, für diesen Andern erweckt, sondern es ist
die Furcht, welche aus unsrer Aehnlichkeit mit der
leidenden Person für uns selbst entspringt; es ist
die Furcht, dass die Unglücksfälle, die wir über diese
verhängt sehn, uns selbst treffen können; es ist die
Furcht, dass wir der bemitleidete Gegenstand selbst
werden können. Mit Einem Worte: diese Furcht ist
das auf uns selbst bezogene Mitleid.

Aristoteles will überall aus sich selbst erklärt werden. Wer uns einen neuen Kommentar über seine
Dichtkunst liefern will, welcher den Dacierschen weit
hinter sich lässt, dem rathe ich, vor allen Dingen die
Werke des Philosophen vom Anfange bis zum Ende
zu lesen. Er wird Aufschlüsse für die Dichtkunst

finden, wo er sich deren am wenigsten vermuthet;
besonders muss er die Bücher der Rhetorik und
Moral studiren. Man sollte zwar denken, diese Aufschlüsse müssten die Scholastiker, welche die Schriften des Aristoteles an den Fingern wussten, längst
gefunden haben. Doch die Dichtkunst war gerade
diejenige von seinen Schriften, um die sie sich am
wenigsten bekümmerten. Dabei fehlen ihnen andere
Kenntnisse, ohne welche jene Aufschlüsse wenigstens
nicht fruchtbar werden konnten: sie kannten das
Theater und die Meisterstücke desselben nicht.

Die authentische Erklärung dieser Furcht, welche
Aristoteles dem tragischen Mitleid beifüget, findet
sich in dem fünften und achten Kapitel des zweiten
Buchs seiner Rhetorik. Es war gar nicht schwer, sich
dieser Kapitel zu erinnern; gleichwohl hat sich vielleicht keiner seiner Ausleger ihrer erinnert, wenigstens hat keiner den Gebrauch davon gemacht, der
sich davon machen lässt. Denn auch die, welche ohne
sie einsahen, dass diese Furcht nicht das mitleidige
Schrecken sei, hätten noch ein wichtiges Stück aus
ihnen zu lernen gehabt: die Ursache nämlich, warum
der Stagirit dem Mitleid hier die Furcht, und warum
nur die Furcht, warum keine andere Leidenschaft,
und warum nicht mehrere Leidenschaften, beige-
sellet habe. Von dieser Ursache wissen sie nichts,
und ich möchte wohl hören, was sie aus ihrem Kopfe
antworten würden, wenn man sie fragte: warum z.
E. die Tragödie nicht eben sowohl Mitleid und Bewunderung, als Mitleid und Furcht, erregen könne
und dürfe?

Es beruht aber alles auf dem Begriffe, den sich
Aristoteles von dem Mitleiden gemacht hat. Er

glaubte nämlich, dass das Uebel, welches der Gegenstand unsers Mitleidens werden solle, nothwendig
von der Beschaffenheit sein müsse, dass wir es auch
für uns selbst, oder für eins von den Unsrigen, zu
befürchten hätten. Wo diese Furcht nicht sei, könne
auch kein Mitleiden Statt finden. Denn weder der,
den das Unglück so tief herabgedrückt habe, dass er
weiter nichts für sich zu fürchten sähe, noch der,
welcher sich so vollkommen glücklich glaube, dass er
gar nicht begreife, woher ihm ein Unglück zustossen
könne, weder der Verzweifelnde noch der Ueber-
müthige, pflege mit Andern Mitleid zu haben. Er
erklärt daher auch das Fürchterliche und das Mit-
leidenswürdige eins durch das andere. Alles das,
sagt er, ist uns fürchterlich, was, wenn es einem
Andern begegnet wäre, oder begegnen sollte, unser
Mitleid erwecken würde: und alles das finden wir
mitleidswürdig, was wir fürchten würden, wenn es
uns selbst bevorstände. Nicht genug also, dass der
Unglückliche, mit dem wir Mitleiden haben sollen,
sein Unglück nicht verdiene, ob er es sich schon
durch irgend eine Schwachheit zugezogen: seine ge-
quälte Unschuld, oder vielmehr seine zu hart heim-
gesuchte Schuld, sei für uns verloren, sei nicht vermögend, unser Mitleid zu erregen, wenn wir keine
Möglichkeit sähen, dass uns sein Leiden auch treffen
könne. Diese Möglichkeit aber finde sich alsdann,
und könne zu einer grossen Wahrscheinlichkeit er-
wachsen, wenn ihn der Dichter nicht schlimmer
mache, als wir gemeiniglich zu sein pflegen, wenn er
ihn vollkommen so denken und handeln lasse, als wir
in seinen Umständen würden gedacht und gehandelt
haben, oder wenigstens glauben, dass wir hätten

denken und handeln müssen: kurz, wenn er ihn mit
uns von gleichem Schrot und Korne schildere. Aus
dieser Gleichheit entstehe die Furcht, dass unser
Schicksal gar leicht dem seinigen eben so ähnlich
werden könne, als wir ihm zu sein uns selbst fühlen:
und diese Furcht sei es, welche das Mitleid gleichsam
zur Reife bringe.

So dachte Aristoteles von dem Mitleiden, und nur
hieraus wird die wahre Ursache begreiflich, warum
er in der Erklärung der Tragödie, nächst dem Mitleiden, nur die einzige Furcht nannte. Nicht als ob
diese Furcht hier eine besondere, von dem Mitleiden
unabhängige Leidenschaft sei, welche bald mit, bald
ohne das Mitleid, so wie das Mitleid bald mit, bald
ohne sie, erregt werden könne; welches die Missdeutung des Corneille war: sondern weil, nach seiner
Erklärung des Mitleids, dieses die Furcht nothwendig
einschliesst; weil nichts unser Mitleid erregt, als was
zugleich unsre Furcht erwecken kann.

Corneille hatte seine Stücke schon alle geschrieben,
als er sich hinsetzte, über die Dichtkunst des Aristoteles zu kommentiren. Er hatte fünfzig Jahre für
das Theater gearbeitet; und nach dieser Erfahrung
würde er uns unstreitig vortreffliche Dinge über den
alten dramatischen Kodex haben sagen können, wenn
er ihn nur auch während der Zeit seiner Arbeit
fleissiger zu Rathe gezogen hätte. Allein dieses scheint
er höchstens nur in Absicht auf die mechanischen
Regeln der Kunst gethan zu haben. In den wesent-
lichern liess er sich um ihn unbekümmert, und als er
am Ende fand, dass er wider ihn verstossen, gleichwohl nicht wider ihn verstossen haben wollte; so
suchte er sich durch Auslegungen zu helfen, und liess

seinen vorgeblichen Lehrmeister Dinge sagen, an die
er offenbar nie gedacht hatte. Corneille hatte Märtyrer auf die Bühne gebracht,
und sie als die vollkommensten untadelhaftesten
Personen geschildert; er hatte die abscheulichsten
Ungeheuer in dem Prusias, in dem Phokas, in der
Cleopatra aufgeführt: und von beiden Gattungen
behauptet Aristoteles, dass sie zur Tragödie unschick-
lich wären, weil beide weder Mitleid noch Furcht
erwecken könnten. Was antwortet Corneille hierauf?
Wie fängt er es an, damit bei diesem Widerspruche
weder sein Ansehen, noch das Ansehen des Aristoteles leiden möge? „O," sagt er, „mit dem Aristoteles
können wir uns hier leicht vergleichen. Wir dürfen
nur annehmen, er habe eben nicht behaupten wollen,
dass beide Mittel zugleich, sowohl Furcht als Mitleid,
nöthig wären, um die Reinigung der Leidenschaften
zu bewirken, die er zu dem letzten Endzwecke der
Tragödie macht: sondern nach seiner Meinung sei
auch eins zureichend.—Wir können diese Erklärung,
fährt er fort, aus ihm selbst bekräftigen, wenn wir die
Gründe recht erwägen, welche er von der Ausschlies-
sung derjenigen Begebenheiten, die er in den Trauerspielen missbilligt, giebt. Er sagt niemals: dieses oder
jenes schickt sich in die Tragödie nicht, weil es bloss
Mitleiden und keine Furcht erweckt; oder dieses ist
daselbst unerträglich, weil es bloss die Furcht erweckt, ohne das Mitleid zu erregen. Nein; sondern
er verwirft sie deswegen, weil sie, wie er sagt, weder
Mitleid noch Furcht zuwege bringen, und giebt uns
dadurch zu erkennen, dass sie ihm deswegen nicht
gefallen, weil ihnen sowohl das eine als das andere
fehlet, und dass er ihnen seinen Beifall nicht versagen
würde, wenn sie nur eins von beiden wirkten."

LXXVI

Den 22. Januar 1768

ABER das ist grundfalsch!—Ich kann mich nicht
genug wundern, wie Dacier, der doch sonst auf die
Verdrehungen ziemlich aufmerksam war, welche Corneille von dem Texte des Aristoteles zu seinem
Besten zu machen suchte, diese grösste von allen hat
übersehen können. Zwar, wie konnte er sie nicht
übersehen, da es ihm nie einkam, des Philosophen
Erklärung vom Mitleid zu Rathe zu ziehen?—Wie
gesagt, es ist grundfalsch, was sich Corneille einbildet.
Aristoteles kann das nicht gemeint haben; oder man
müsste glauben, dass er seine eigenen Erklärungen
habe vergessen können; man müsste glauben, dass er
sich auf die handgreiflichste Weise widersprechen
können. Wenn, nach seiner Lehre, kein Uebel eines
Andern unser Mitleid erregt, was wir nicht für uns
selbst fürchten; so konnte er mit keiner Handlung in
der Tragödie zufrieden sein, welche nur Mitleid und
keine Furcht erregt; denn er hielt die Sache selbst
für unmöglich; dergleichen Handlungen existirten
ihm nicht: sondern so bald sie unser Mitleid zu erwecken fähig wären, glaubte er, müssten sie auch
Furcht für uns erwecken; oder vielmehr, nur durch
diese Furcht erweckten sie Mitleid. Noch weniger
konnte er sich die Handlungen einer Tragödie vorstellen, welche Furcht für uns erregen könne, ohne
zugleich unser Mitleid zu erwecken: denn er war
überzeugt, dass alles, was uns Furcht für uns selbst
errege, auch unser Mitleid erwecken müsse, sobald
wir Andere damit bedroht oder betroffen erblickten;
und das ist eben der Fall der Tragödie, wo wir alles

das Uebel, welches wir fürchten, nicht uns, sondern Andern begegnen sehen.

Es ist wahr, wenn Aristoteles von den Handlungen spricht, die sich in die Tragödie nicht schicken, so bedient er sich mehrmalen des Ausdrucks von ihnen, dass sie weder Mitleid noch Furcht erwecken. Aber desto schlimmer, wenn sich Corneille durch dieses weder, noch verführen lassen. Diese disjunktiven Partikeln involviren nicht immer, was er sie involviren lässt. Denn wenn wir zwei oder mehr Dinge von einer Sache durch sie verneinen, so kommt es darauf an, ob sich diese Dinge eben sowohl in der Natur von einander trennen lassen, als wir sie in der Abstraktion und durch den symbolischen Ausdruck trennen können, wenn die Sache dem ungeachtet noch bestehen soll, ob ihr schon das eine oder das andere von diesen Dingen fehlt. Wenn wir z. E. von einem Frauenzimmer sagen, sie sei weder schön noch witzig: so wollen wir allerdings sagen, wir würden zufrieden sein, wenn sie auch nur eins von beiden wäre; denn Witz und Schönheit lassen sich nicht bloss in Gedanken trennen, sondern sie sind wirklich getrennt. Aber wenn wir sagen, dieser Mensch glaubt weder Himmel noch Hölle: wollen wir damit auch sagen, dass wir zufrieden sein würden, wenn er nur eins von beiden glaubte, wenn er nur den Himmel und keine Hölle, oder nur die Hölle und keinen Himmel glaubte? Gewiss nicht: denn wer das Eine glaubt, muss nothwendig auch das Andere glauben; Himmel und Hölle, Strafe und Belohnung sind relativ; wenn das Eine ist, ist auch das Andere. Oder, um mein Exempel aus einer verwandten Kunst zu nehmen: wenn wir sagen, dieses Gemählde taugt nichts,

denn es hat weder Zeichnung noch Colorit; wollen
wir damit sagen, dass ein gutes Gemählde sich mit
einem von beiden begnügen könne?—Das ist so klar!

Allein, wie, wenn die Erklärung, welche Aristoteles von dem Mitleiden giebt, falsch wäre? Wie,
wenn wir auch mit Uebeln und Unglücksfällen Mitleid fühlen könnten, die wir für uns selbst auf keine
Weise zu besorgen haben?

Es ist wahr: es braucht unserer Furcht nicht, um
Unlust über das physische Uebel eines Gegenstandes
zu empfinden, den wir lieben. Diese Unlust entsteht
bloss aus der Vorstellung der Unvollkommenheit, so
wie unsere Liebe aus der Vorstellung der Vollkommenheiten desselben; und aus dem Zusammenflusse
dieser Lust und Unlust entspringt die vermischte
Empfindung, welche wir Mitleid nennen.

Jedoch auch sonach glaube ich nicht, die Sache des
Aristoteles nothwendig aufgeben zu müssen.

Denn wenn wir auch schon, ohne Furcht für uns
selbst, Mitleid für Andere empfinden können; so ist
es doch unstreitig, dass unser Mitleid, wenn jene
Furcht dazu kommt, weit lebhafter und stärker und
anziehender wird, als es ohne sie sein kann. Und
was hindert uns, anzunehmen, dass die vermischte
Empfindung über das physische Uebel eines geliebten
Gegenstandes, nur allein durch die dazu kommende
Furcht für uns, zu dem Grade erwächst, in welchem
sie Affekt genannt zu werden verdient?

Aristoteles hat es wirklich angenommen. Er betrachtet das Mitleid nicht nach seinen primitiven
Regungen; er betrachtet es bloss als Affekt. Ohne
jene zu verkennen, verweigert er nur dem Funken den
Namen der Flamme. Mitleidige Regungen, ohne

Furcht für uns selbst, nennt er Philanthropie: und nur den stärkern Regungen dieser Art, welche mit Furcht für uns selbst verknüpft sind, giebt er den Namen des Mitleids. Also behauptet er zwar, dass das Unglück eines Bösewichts weder unser Mitleid noch unsere Furcht erregt; aber er spricht ihm darum nicht alle Rührung ab. Auch der Bösewicht ist noch Mensch, ist noch ein Wesen, das bei allen seinen moralischen Unvollkommenheiten, Vollkommenheiten genug behält, um sein Verderben, seine Zernichtung lieber nicht zu wollen, um bei dieser etwas Mitleidähnliches, die Elemente des Mitleids gleichsam, zu empfinden. Aber, wie schon gesagt, diese mitleidähnliche Empfindung nennt er nicht Mitleid, sondern Philanthropie. ,,Man muss,'' sagt er, ,,keinen Bösewicht aus unglücklichen in glückliche Umstände gelangen lassen; denn das ist das untragischste, was nur sein kann; es hat nichts von allem, was es haben sollte; es erweckt weder Philanthropie, noch Mitleid, noch Furcht. Auch muss es kein völliger Bösewicht sein, der aus glücklichen Umständen in unglückliche verfällt; denn eine dergleichen Begebenheit kann zwar Philanthropie, aber weder Mitleid noch Furcht erwecken.'' Ich kenne nichts Kahleres und Abgeschmackteres, als die gewöhnlichen Uebersetzungen dieses Wortes Philanthropie. Sie geben nämlich das Adjektivum davon im Lateinischen durch *hominibus gratum*; im Französischen durch *ce que peut faire quelque plaisir*; und im Deutschen durch ,,was Vergnügen machen kann.'' Der einzige Goulston, so viel ich finde, scheint den Sinn des Philosophen nicht verfehlt zu haben; indem er das Φιλάνθρωπον durch *quod humanitatis sensu tangat*, übersetzt. Denn allerdings

ist unter dieser Philanthropie, auf welche das Unglück
auch eines Bösewichts Anspruch macht, nicht die
Freude über seine verdiente Bestrafung, sondern das
sympathetische Gefühl der Menschlichkeit zu verstehen, welches, trotz der Vorstellung, dass sein
Leiden nichts als Verdienst sei, dennoch in dem
Augenblicke des Leidens in uns sich für ihn regt.
Herr Curtius will zwar diese mitleidigen Regungen
für einen unglücklichen Bösewicht nur auf eine gewisse Gattung der ihn treffenden Uebel einschränken.
,,Solche Zufälle des Lasterhaften,'' sagt er, ,,die weder
Schrecken noch Mitleid in uns wirken, müssen Folgen
seines Lasters sein: denn treffen sie ihn zufällig, oder
wohl gar unschuldig, so behält er in dem Herzen der
Zuschauer die Vorrechte der Menschlichkeit, als
welche auch einem unschuldig leidenden Gottlosen
ihr Mitleid nicht versagt.'' Aber er scheint dieses
nicht genug überlegt zu haben. Denn auch dann
noch, wenn das Unglück, welches den Bösewicht
befällt, eine unmittelbare Folge seines Verbrechens
ist, können wir uns nicht entwehren, bei dem An-
blicke dieses Unglücks mit ihm zu leiden.

,,Seht jene Menge,'' sagt der Verfasser der Briefe
über die Empfindungen, ,,die sich um einen Verur-
theilten in dichte Haufen drängt. Sie haben alle
Gräuel vernommen, die der Lasterhafte begangen;
sie haben seinen Wandel, und vielleicht ihn selbst,
verabscheuet. Jetzt schleppt man ihn entstellt und
ohnmächtig auf das entsetzliche Schaugerüste. Man
arbeitet sich durch das Gewühl, man stellt sich auf
die Zehen, man klettert die Dächer hinan, um die
Züge des Todes sein Gesicht entstellen zu sehen.
Sein Urtheil ist gesprochen: sein Henker naht sich

ihm; ein Augenblick wird sein Schicksal entscheiden.
Wie sehnlich wünschen jetzt Aller Herzen, dass ihm
verziehen würde! Ihm? dem Gegenstande ihres Abscheues, den sie einen Augenblick vorher selbst zum
Tode verurtheilt haben würden? Wodurch wird jetzt
ein Strahl der Menschenliebe wiederum bei ihnen
rege? Ist es nicht die Annäherung der Strafe, der
Anblick der entsetzlichsten physischen Uebel, die uns
sogar mit einem Ruchlosen gleichsam aussöhnen, und
ihm unsere Liebe erwerben? Ohne Liebe könnten
wir unmöglich mitleidig mit seinem Schicksale sein."
     Und eben diese Liebe, sage ich, die wir gegen
unsern Nebenmenschen unter keinerlei Umständen
ganz verlieren können, die unter der Asche, mit welcher
sie andere stärkere Empfindungen überdecken, un-
verlöschlich fortglimmt, und gleichsam nur einen
günstigen Windstoss von Unglück und Schmerz und
Verderben erwartet, um in die Flamme des Mitleids
auszubrechen: eben diese Liebe ist es, welche Aristoteles unter dem Namen der Philanthropie versteht.
Wir haben Recht, wenn wir sie mit unter dem Namen
des Mitleids begreifen. Aber Aristoteles hatte auch
nicht Unrecht, wenn er ihr einen eigenen Namen gab,
um sie, wie gesagt, von dem höchsten Grade der mitleidigen Empfindungen, in welchem sie, durch die
Dazukunft einer wahrscheinlichen Furcht für uns
selbst, Affekt werden, zu unterscheiden.

LXXVII

Den 26. Januar 1768

EINEM Einwurfe ist hier noch vorzukommen. Wenn
Aristoteles diesen Begriff von dem Affekte des Mit-

leids hatte, dass er nothwendig mit der Furcht für uns
selbst verknüpft sein müsse: was war es nöthig, der
Furcht noch insbesondere zu erwähnen? Das Wort
Mitleid schloss sie schon in sich, und es wäre genug
gewesen, wenn er bloss gesagt hätte: die Tragödie soll
durch Erregung des Mitleids die Reinigung unsrer
Leidenschaft bewirken. Denn der Zusatz der Furcht
sagt nichts mehr und macht das, was er sagen soll,
noch dazu schwankend und ungewiss.

Ich antworte: wenn Aristoteles uns bloss hätte
lehren wollen, welche Leidenschaften die Tragödie
erregen könne und solle, so würde er sich den Zusatz
der Furcht allerdings haben ersparen können und
ohne Zweifel sich wirklich erspart haben; denn nie
war ein Philosoph ein grösserer Wortsparer als er.
Aber er wollte uns zugleich lehren, welche Leidenschaften, durch die in der Tragödie erregten, in uns
gereinigt werden sollten; und in dieser Absicht musste
er der Furcht insbesondere gedenken. Denn obschon,
nach ihm, der Affekt des Mitleids, weder in noch
ausser dem Theater, ohne Furcht für uns selbst sein
kann, ob sie schon ein nothwendiges Ingredienz des
Mitleids ist; so gilt dieses doch nicht auch umgekehrt,
und das Mitleid für Andere ist kein Ingredienz der
Furcht für uns selbst. Sobald die Tragödie aus ist,
hört unser Mitleid auf, und nichts bleibt von allen
den empfundenen Regungen in uns zurück, als die
wahrscheinliche Furcht, die uns das bemitleidete
Uebel für uns selbst hat schöpfen lassen. Diese nehmen wir mit; und so wie sie, als Ingredienz des
Mitleids, das Mitleid reinigen helfen, so hilft sie nun
auch, als eine für sich fortdauernde Leidenschaft, sich
selbst reinigen. Folglich, um anzuzeigen, dass sie

dieses thun könne und wirklich thue, fand es Aristoteles für nöthig, ihrer insbesondere zu gedenken.

Es ist unstreitig, dass Aristoteles überhaupt keine
strenge logische Definition von der Tragödie geben
wollen. Denn ohne sich auf die bloss wesentlichen
Eigenschaften derselben einzuschränken, hat er verschiedene zufällige hineingezogen, weil sie der dama-
lige Gebrauch nothwendig gemacht hatte. Diese
indess abgerechnet, und die übrigen Merkmale in
einander reducirt, bleibt eine vollkommen genaue
Erklärung übrig: die nämlich, dass die Tragödie, mit
Einem Worte, ein Gedicht ist, welches Mitleid erregt.
Ihrem Geschlechte nach, ist sie die Nachahmung
einer Handlung, so wie die Epopöe und die Komödie;
ihrer Gattung nach aber, die Nachahmung einer mitleidswürdigen Handlung. Aus diesen beiden Begriffen lassen sich vollkommen alle ihre Regeln her-
leiten und sogar ihre dramatische Form ist daraus zu
bestimmen.

An dem letztern dürfte man vielleicht zweifeln.
Wenigstens wüsste ich keinen Kunstrichter zu nennen, dem es nur eingekommen wäre, es zu versuchen.
Sie nehmen alle die dramatische Form der Tragödie
als etwas Hergebrachtes an, das nun so ist, weil es
einmal so ist, und das man so lässt, weil man es gut
findet. Der einzige Aristoteles hat die Ursache er-
gründet, aber sie bei seiner Erklärung mehr vorausgesetzt, als deutlich angegeben. „Die Tragödie,“ sagt
er, „ist die Nachahmung einer Handlung,—die nicht
vermittelst der Erzählung, sondern vermittelst des
Mitleids und der Furcht, die Reinigung dieser und
dergleichen Leidenschaften bewirkt.“ So drückt er
sich von Wort zu Wort aus. Wen sollte hier nicht

der sonderbare Gegensatz, „nicht vermittelst der
Erzählung, sondern vermittelst des Mitleids und der
Furcht," befremden? Mitleid und Furcht sind die
Mittel, welche die Tragödie braucht, um ihre Absicht
zu erreichen; und die Erzählung kann sich nur auf
die Art und Weise beziehen, sich dieser Mittel zu
bedienen, oder nicht zu bedienen. Scheint hier also
Aristoteles nicht einen Sprung zu machen? Scheint
hier nicht offenbar der eigentliche Gegensatz der
Erzählung, welches die dramatische Form ist, zu
fehlen? Was thun aber die Uebersetzer bei dieser
Lücke? Der eine umgeht sie ganz behutsam und der
andere füllt sie, aber nur mit Worten. Alle finden
weiter nichts darin, als eine vernachlässigte Wortfügung, an die sie sich nicht halten zu dürfen glauben,
wenn sie nur den Sinn des Philosophen liefern.
Dacier übersetzt: *d'une action—qui, sans le secours de
la narration, par le moyen de la compassion et de la
terreur* u. s. w.; und Curtius: „einer Handlung,
welche nicht durch die Erzählung des Dichters,
sondern (durch Vorstellung der Handlung selbst) uns,
vermittelst des Schreckens und Mitleids, von den
Fehlern der vorgestellten Leidenschaften reinigt."
O, sehr recht! Beide sagen, was Aristoteles sagen
will, nur dass sie es nicht so sagen, wie er es sagt.
Gleichwohl ist auch an diesem „wie" gelegen; denn
es ist wirklich keine bloss vernachlässigte Wortfügung.
Kurz, die Sache ist diese: Aristoteles bemerkte, dass
das Mitleid nothwendig ein vorhandenes Uebel er-
fordere; dass wir längst vergangene oder fern in der
Zukunft bevorstehende Uebel entweder gar nicht,
oder doch bei weitem nicht so stark bemitleiden
können, als ein anwesendes; dass es folglich noth-

wendig sei, die Handlung, durch welche wir Mitleid
erregen wollen, nicht als vergangen, das ist, nicht in
der erzählenden Form, sondern als gegenwärtig, das
ist, in der dramatischen Form, nachzuahmen. Und
nur dieses, dass unser Mitleid durch die Erzählung
wenig oder gar nicht, sondern fast einzig und allein
durch die gegenwärtige Anschauung erregt wird, nur
dieses berechtigte ihn, in der Erklärung, statt der
Form der Sache, die Sache gleich selbst zu setzen,
weil diese Sache nur dieser einzigen Form fähig ist.
Hätte er es für möglich gehalten, dass unser Mitleid
auch durch die Erzählung erregt werden könne: so
würde es allerdings ein sehr fehlerhafter Sprung gewesen sein, wenn er gesagt hätte: „nicht durch die
Erzählung, sondern durch Mitleid und Furcht." Da
er aber überzeugt war, dass Mitleid und Furcht in
der Nachahmung nur durch die einzige dramatische
Form zu erregen sei: so konnte er sich diesen Sprung,
der Kürze wegen, erlauben.—Ich verweise desfalls
auf das nämliche neunte Kapitel des zweiten Buchs
seiner Rhetorik.

Was endlich den moralischen Endzweck anbelangt,
welchen Aristoteles der Tragödie giebt, und den er
mit in die Erklärung derselben bringen zu müssen
glaubte: so ist bekannt, wie sehr, besonders in den
neuern Zeiten, darüber gestritten worden. Ich getraue
mich aber zu erweisen, dass alle, die sich dawider
erklärt, den Aristoteles nicht verstanden haben. Sie
haben ihm alle ihre eigenen Gedanken untergeschoben,
ehe sie gewiss wussten, welches seine wären. Sie
bestreiten Grillen, die sie selbst gefangen, und bilden
sich ein, wie unwidersprechlich sie den Philosophen
widerlegen, indem sie ihr eigenes Hirngespinnst zu

Schanden machen. Ich kann mich in die nähere
Erörterung dieser Sache hier nicht einlassen. Damit
ich jedoch nicht ganz ohne Beweis zu sprechen
scheine, will ich zwei Anmerkungen machen.

1. Sie lassen den Aristoteles sagen, „die Tragödie
solle uns, vermittelst des Schreckens und Mitleids,
von den Fehlern der vorgestellten Leidenschaften
reinigen." Der vorgestellten? Also, wenn der Held
durch Neugierde, oder Ehrgeiz, oder Liebe, oder
Zorn unglücklich wird; so ist es unsre Neugierde,
unser Ehrgeiz, unsere Liebe, unser Zorn, welchen die
Tragödie reinigen soll? Das ist dem Aristoteles nie
in den Sinn gekommen. Und so haben die Herren
gut streiten; ihre Einbildung verwandelt Wind-
mühlen in Riesen; sie jagen, in der gewissen Hoffnung
des Sieges, darauf los, und kehren sich an keinen
Sancho, der weiter nichts als gesunden Menschen-
verstand hat und ihnen auf seinem bedächtlichern
Pferde hinten nach ruft, sich nicht zu übereilen, und
doch nur erst die Augen recht aufzusperren. Τῶν
τοιούτων παθημάτων, sagt Aristoteles und das heisst
nicht, der vorgestellten Leidenschaft; das hätten sie
übersetzen müssen durch, dieser und dergleichen,
oder, der erweckten Leidenschaften. Das τοιούτων
bezieht sich lediglich auf das vorhergehende: Mitleid
und Furcht; die Tragödie soll unser Mitleid und
unsre Furcht erregen, bloss um diese und dergleichen
Leidenschaften, nicht aber alle Leidenschaften ohne
Unterschied, zu reinigen. Er sagt aber τοιούτων und
nicht τούτων; er sagt, dieser und dergleichen, und
nicht bloss, dieser: um anzuzeigen, dass er unter dem
Mitleid nicht bloss das eigentlich sogenannte Mitleid,
sondern überhaupt alle philanthropische Empfind-

ungen, so wie unter der Furcht nicht bloss die Unlust über ein uns bevorstehendes Uebel, sondern auch jede damit verwandte Unlust, auch die Unlust über ein gegenwärtiges, auch die Unlust über ein vergangenes Uebel, Betrübniss und Gram, verstehe. In diesem ganzen Umfange soll das Mitleid und die Furcht, welche die Tragödie erweckt, unser Mitleid und unsre Furcht reinigen; aber auch nur diese reinigen, und keine andere Leidenschaften. Zwar können sich in der Tragödie auch zur Reinigung der andern Leidenschaften nützliche Lehren und Beispiele finden; doch sind diese nicht ihre Absicht: diese hat sie mit der Epopöe und Komödie gemein, in so fern sie ein Gedicht, die Nachahmung einer Handlung überhaupt ist, nicht aber in so fern sie Tragödie, die Nachahmung einer mitleidswürdigen Handlung insbesondere ist. Bessern sollen uns alle Gattungen der Poesie: es ist kläglich, wenn man dieses erst beweisen muss; noch kläglicher ist es, wenn es Dichter giebt, die selbst daran zweifeln. Aber alle Gattungen können nicht alles bessern; wenigstens nicht jedes so vollkommen, wie das andere; was aber jede am vollkommensten bessern kann, worin es ihr keine andre Gattung gleich zu thun vermag, das allein ist ihre eigentliche Bestimmung.

LXXVIII

Den 29. Januar 1768

2. DA die Gegner des Aristoteles nicht in Acht nahmen, was für Leidenschaften er eigentlich, durch das Mitleid und die Furcht der Tragödie, in uns gereinigt

haben wollte: so war es natürlich, dass sie sich auch
mit der Reinigung selbst irren mussten. Aristoteles
verspricht am Ende seiner Politik, wo er von der
Reinigung der Leidenschaften durch die Musik redet,
von dieser Reinigung in seiner Dichtkunst weitläuf-
tiger zu handeln. „Weil man aber," sagt Corneille,
„ganz und gar nichts von dieser Materie darin findet,
so ist der grösste Theil seiner Ausleger auf die Gedanken gerathen, dass sie nicht ganz auf uns gekommen sei." Gar nichts? Ich meines Theils glaube,
auch schon in dem, was uns von seiner Dichtkunst
noch übrig, es mag viel oder wenig sein, alles zu
finden, was er einem, der mit seiner Philosophie
sonst nicht ganz unbekannt ist, über diese Sache zu
sagen für nöthig halten konnte. Corneille selbst bemerkte eine Stelle, die uns, nach seiner Meinung,
Licht genug geben könne, die Art und Weise zu
entdecken, auf welche die Reinigung der Leidenschaften in der Tragödie geschehe: nämlich die, wo
Aristoteles sagt, das Mitleid verlange einen, der unverdient leide, und die Furcht einen unsers gleichen.
Diese Stelle ist auch wirklich sehr wichtig; nur dass
Corneille einen falschen Gebrauch davon machte, und
nicht wohl anders als machen konnte, weil er einmal
die Reinigung der Leidenschaften überhaupt im
Kopfe hatte. „Das Mitleid mit dem Unglücke," sagt
er, „von welchem wir unsers gleichen befallen sehen,
erweckt in uns die Furcht, dass uns ein ähnliches
Unglück treffen könne; diese Furcht erweckt die Begierde, ihm auszuweichen; und diese Begierde ein
Bestreben, die Leidenschaft, durch welche die Person,
die wir bedauern, sich ihr Unglück vor unsern Augen
zuzieht, zu reinigen, zu mässigen, zu bessern, ja gar

auszurotten; indem einem jeden die Vernunft sagt,
dass man die Ursache abschneiden müsse, wenn man
die Wirkung vermeiden wolle." Aber dieses Raisonnement, welches die Furcht bloss zum Werkzeuge macht,
durch welches das Mitleid die Reinigung der Leidenschaften bewirkt, ist falsch, und kann unmöglich die
Meinung des Aristoteles sein; weil sonach die Tragödie gerade alle Leidenschaften reinigen könnte, nur
nicht die zwei, die Aristoteles ausdrücklich durch sie
gereinigt wissen will. Sie könnte unsern Zorn, unsre
Neugierde, unsern Neid, unsern Ehrgeitz, unsern
Hass und unsere Liebe reinigen, so wie es die eine
oder die andere Leidenschaft ist, durch die sich die
bemitleidete Person ihr Unglück zugezogen. Nur
unser Mitleid und unsere Furcht müsste sie unge-
reinigt lassen. Denn Mitleid und Furcht sind die
Leidenschaften, die in der Tragödie wir, nicht aber
die handelnden Personen empfinden; sind die Leidenschaften, durch welche die handelnden Personen uns
rühren, nicht aber die, durch welche sie sich selbst
ihre Unfälle zuziehen. Es kann ein Stück geben, in
welchem sie beides sind: das weiss ich wohl. Aber
noch kenne ich kein solches Stück: ein Stück nämlich,
in welchem sich die bemitleidete Person durch ein
übelverstandenes Mitleid, oder durch eine übelver-
standene Furcht ins Unglück stürze. Gleichwohl
würde dieses Stück das einzige sein, in welchem, so
wie es Corneille versteht, das geschähe, was Aristoteles
will, dass es in allen Tragödien geschehen soll: und
auch in diesem einzigen würde es nicht auf die Art
geschehen, auf die es dieser verlangt. Dieses einzige
Stück würde gleichsam der Punkt sein, in welchem
zwei gegen einander sich neigende gerade Linien

zusammentreffen, um sich in alle Unendlichkeit nicht
wieder zu begegnen.—So gar sehr konnte Dacier den
Sinn des Aristoteles nicht verfehlen. Er war verbunden, auf die Worte seines Autors aufmerksamer
zu sein, und diese besagen es zu positiv, dass unser
Mitleid und unsre Furcht durch das Mitleid und die
Furcht der Tragödie gereinigt werden sollen. Weil
er aber ohne Zweifel glaubte, dass der Nutzen der
Tragödie sehr geringe sein würde, wenn er bloss
hierauf eingeschränkt wäre: so liess er sich verleiten,
nach der Erklärung des Corneille, ihr die ebenmässige
Reinigung auch aller übrigen Leidenschaften bei-
zulegen. Wie nun Corneille diese für sein Theil
läugnete und in Beispielen zeigte, dass sie mehr ein
schöner Gedanke, als eine Sache sei, die gewöhn-
licher Weise zur Wirklichkeit gelange: so musste er
sich mit ihm in diese Beispiele selbst einlassen, wo er
sich denn so in der Enge fand, dass er die gewalt-
samsten Drehungen und Wendungen machen musste,
um seinen Aristoteles mit sich durch zu bringen. Ich
sage, seinen Aristoteles: denn der rechte ist weit ent-
fernt, solcher Drehungen und Wendungen zu be-
dürfen. Dieser, um es abermals und abermals zu
sagen, hat an keine andere Leidenschaften gedacht,
welche das Mitleid und die Furcht der Tragödie
reinigen solle, als an unser Mitleid und unsere Furcht
selbst; und es ist ihm sehr gleichgültig, ob die
Tragödie zur Reinigung der übrigen Leidenschaften
viel oder wenig beiträgt. An jene Reinigung hätte
sich Dacier allein halten sollen; aber freilich hätte er
sodann auch einen vollständigen Begriff damit verbinden müssen. ,,Wie die Tragödie," sagt er, ,,Mit-
leid und Furcht errege, um Mitleid und Furcht zu

reinigen, das ist nicht schwer zu erklären. Sie erregt
sie, indem sie uns das Unglück vor Augen stellt, in
das unsers gleichen durch nicht vorsätzliche Fehler
gefallen sind; und sie reinigt sie, indem sie uns mit
diesem nämlichen Unglücke bekannt macht, und
dadurch lehrt, es weder allzusehr zu fürchten, noch
allzusehr davon gerührt zu werden, wenn es uns wirklich selbst treffen sollte.—Sie bereitet die Menschen,
die allerwidrigsten Zufälle muthig zu ertragen, und
macht die Allerelendesten geneigt, sich für glücklich
zu halten, indem sie ihre Unglücksfälle mit weit
grösseren vergleichen, die ihnen die Tragödie vor-
stellt. Denn in welchen Umständen kann sich wohl
ein Mensch finden, der bei Erblickung eines Oedips,
eines Philoktets, eines Orests, nicht erkennen müsste,
dass alle Uebel, die er zu erdulden hat, gegen die,
welche diese Männer erdulden müssen, gar nicht in
Vergleichung kommen?" Nun das ist wahr; diese
Erklärung kann dem Dacier nicht viel Kopfbrechens
gemacht haben. Er fand sie fast mit den nämlichen
Worten bei einem Stoiker, der immer ein Auge auf
die Apathie hatte. Ohne ihm indess einzuwenden,
dass das Gefühl unsers eigenen Elends nicht viel
Mitleid neben sich duldet; dass folglich bei dem
Elenden, dessen Mitleid nicht zu erregen ist, die
Reinigung oder Linderung seiner Betrübniss durch
das Mitleid nicht erfolgen kann: will ich ihm alles,
so wie er es sagt, gelten lassen. Nur fragen muss ich:
wie viel er nun damit gesagt? ob er im geringsten
mehr damit gesagt, als dass das Mitleid unsre Furcht
reinige? Gewiss nicht: und das wäre doch nur kaum
der vierte Theil der Forderung des Aristoteles. Denn
wenn Aristoteles behauptet, dass die Tragödie Mitleid

und Furcht errege, um Mitleid und Furcht zu reinigen: wer sieht nicht, dass dieses weit mehr sagt, als
Dacier zu erklären für gut befunden? Denn nach
den verschiedenen Kombinationen der hier vorkom-
menden Begriffe, muss der, welcher den Sinn des
Aristoteles ganz erschöpfen will, stückweise zeigen,
1. wie das tragische Mitleid unser Mitleid, 2. wie die
tragische Furcht unsere Furcht, 3. wie das tragische
Mitleid unsere Furcht, und 4. wie die tragische
Furcht unser Mitleid reinigen könne und wirklich
reinige. Dacier aber hat sich nur an den dritten
Punkt gehalten, und auch diesen nur sehr schlecht,
und auch diesen nur zur Hälfte erläutert. Denn wer
sich um einen richtigen und vollständigen Begriff von
der Aristotelischen Reinigung der Leidenschaften be-
müht hat, wird finden, dass jeder von jenen vier
Punkten einen doppelten Fall in sich schliesst. Da
nämlich, es kurz zu sagen, diese Reinigung in nichts
anderm beruhet, als in der Verwandlung der Leidenschaften in tugendhafte Fertigkeiten, bei jeder Tugend
aber, nach unserm Philosophen, sich diesseits und
jenseits ein Extrem findet, zwischen welchem sie inne
steht: so muss die Tragödie, wenn sie unser Mitleid
in Tugend verwandeln soll, uns von beiden Extremen
des Mitleids zu reinigen vermögend sein; welches
auch von der Furcht zu verstehen ist. Das tragische
Mitleid muss nicht allein, in Ansehung des Mitleids,
die Seele desjenigen reinigen, welcher zu viel Mitleid
fühlt, sondern auch desjenigen, welcher zu wenig
empfindet. Die tragische Furcht muss nicht allein,
in Ansehung der Furcht, die Seele desjenigen reinigen, welcher sich ganz und gar keines Unglücks be-
fürchtet, sondern auch desjenigen, den ein jedes Un-

glück, auch das entfernteste, auch das unwahrschein-
lichste, in Angst setzt. Gleichfalls muss das tragische
Mitleid, in Ansehung der Furcht, dem was zu viel,
und dem was zu wenig steuern: so wie hinwiederum
die tragische Furcht, in Ansehung des Mitleids.
Dacier aber, wie gesagt, hat nur gezeigt, wie das
tragische Mitleid unsre allzu grosse Furcht mässige:
und noch nicht einmal, wie es dem gänzlichen Mangel
derselben abhelfe, oder sie in dem, welcher allzu
wenig von ihr empfindet, zu einem heilsamern Grade
erhöhe; geschweige, dass er auch das Uebrige sollte
gezeigt haben. Die nach ihm gekommen sind, haben,
was er unterlassen, auch im geringsten nicht ergänzet;
aber wohl sonst, um nach ihrer Meinung den Nutzen
der Tragödie völlig ausser Streit zu setzen, Dinge
dahin gezogen, die dem Gedichte überhaupt, aber
keinesweges der Tragödie, als Tragödie, insbesondere zukommen; z. E. dass sie die Triebe der
Menschlichkeit nähren und stärken; dass sie Liebe
zur Tugend, und Hass gegen das Laster wirken solle,
u. s. w. Lieber! welches Gedicht sollte das nicht?
Soll es aber ein jedes: so kann es nicht das unter-
scheidende Kennzeichen der Tragödie sein; so kann
es nicht das sein, was wir suchten.

Den 2. Februar 1768

UND nun wieder auf unsern Richard zu kommen.—
Richard also erweckt eben so wenig Schrecken, als
Mitleid: weder Schrecken in dem gemissbrauchten
Verstande, für die plötzliche Ueberraschung des Mit-

leids; noch in dem eigentlichen Verstande des Aristoteles, für heilsame Furcht, dass uns ein ähnliches
Unglück treffen könne. Denn wenn er diese erregte,
würde er auch Mitleid erregen; so gewiss er hinwiederum Furcht erregen würde, wenn wir ihn unsers
Mitleids nur im geringsten würdig fänden. Aber er
ist so ein abscheulicher Kerl, so ein eingefleischter
Teufel, in dem wir so völlig keinen einzigen ähnlichen
Zug mit uns selbst finden, dass ich glaube, wir
könnten ihn vor unsern Augen den Martern der
Hölle übergeben sehen, ohne das geringste für ihn zu
empfinden, ohne im geringsten zu fürchten, dass,
wenn solche Strafe nur auf solche Verbrechen folge,
sie auch unser warte. Und was ist endlich das Unglück, die Strafe, die ihn trifft? Nach so vielen Missethaten, die wir mit ansehen müssen, hören wir, dass
er mit dem Degen in der Faust gestorben ist. Als der
Königin dieses erzählt wird, lässt sie der Dichter
sagen:
,,Dies ist etwas!''—
Ich habe mich nie enthalten können, bei mir nach-
zusprechen: nein, das ist gar nichts! Wie mancher
gute König ist so geblieben, indem er seine Krone
wider einen mächtigen Rebellen behaupten wollen?
Richard stirbt doch, als ein Mann, auf dem Bette der
Ehre. Und so ein Tod sollte mich für den Unwillen
schadlos halten, den ich das ganze Stück durch über
den Triumph seiner Bosheit empfunden? (Ich glaube,
die griechische Sprache ist die einzige, welche ein
eigenes Wort hat, diesen Unwillen über das Glück
eines Bösewichts auszudrücken: $\nu\acute{\epsilon}\mu\epsilon\sigma\iota\varsigma$, $\nu\epsilon\mu\epsilon\sigma\hat{\alpha}\nu$.)
Sein Tod selbst, welcher wenigstens meine Gerech-
tigkeitsliebe befriedigen sollte, unterhält noch meine

Nemesis. Du bist wohlfeil weggekommen! denke ich; aber gut, dass es noch eine andere Gerechtigkeit giebt, als die poetische!

Man wird vielleicht sagen: nun wohl! wir wollen den Richard aufgeben; das Stück heisst zwar nach ihm; aber er ist darum nicht der Held desselben, nicht die Person, durch welche die Absicht der Tragödie erreicht wird; er hat nur das Mittel sein sollen, unser Mitleid für Andere zu erregen. Die Königin, Elisabeth, die Prinzen, erregen diese nicht Mitleid?—

Um allem Wortstreite auszuweichen: ja. Aber was ist es für eine fremde, herbe Empfindung, die sich in mein Mitleid für diese Personen mischt? die da macht, dass ich mir dieses Mitleid ersparen zu können wünschte? Das wünsche ich mir bei dem tragischen Mitleid doch sonst nicht; ich verweile gerne dabei, und danke dem Dichter für eine so süsse Quaal.

Aristoteles hat es wohl gesagt, und das wird es ganz gewiss sein! Er spricht von einem μιαρόν, von einem Grässlichen, das sich bei dem Unglücke ganz guter, ganz unschuldiger Personen finde. Und sind nicht die Königin, Elisabeth, die Prinzen, vollkommen solche Personen? Was haben sie gethan? wodurch haben sie es sich zugezogen, dass sie in den Klauen dieser Bestie sind? Ist es ihre Schuld, dass sie ein näheres Recht auf den Thron haben, als er? Besonders die kleinen wimmernden Schlachtopfer, die noch kaum rechts und links unterscheiden können? Wer wird läugnen, dass sie unsern ganzen Jammer verdienen? Aber ist dieser Jammer, der mich mit Schaudern an die Schicksale der Menschen denken lässt, dem Murren wider die Vorsehung sich zugesellt, und Verzweiflung von weitem nachschleicht, ist

dieser Jammer—ich will nicht fragen, Mitleid?—er
heisse wie er wolle—aber ist er das, was eine nachah-
mende Kunst erwecken sollte?

Man sage nicht: erweckt ihn doch die Geschichte;
gründet er sich doch auf etwas, das wirklich geschehen
ist.—Das wirklich geschehen ist? es sei: so wird es
seinen guten Grund in dem ewigen unendlichen
Zusammenhange aller Dinge haben. In diesem ist
Weisheit und Güte, was uns in den wenigen Gliedern,
die der Dichter herausnimmt, blindes Geschick und
Grausamkeit scheint. Aus diesen wenigen Gliedern
sollte er ein Ganzes machen, das völlig sich rundet,
wo eins aus dem andern sich völlig erklärt, wo keine
Schwierigkeit aufstösst, derentwegen wir die Be-
friedigung nicht in seinem Plane finden, sondern sie
ausser ihm, in dem allgemeinen Plane der Dinge,
suchen müssen; das Ganze dieses sterblichen Schöpfers sollte ein Schattenriss von dem Ganzen des
ewigen Schöpfers sein; sollte uns an den Gedanken
gewöhnen, wie sich in ihm alles zum Besten auflöse,
werde es auch in jenem geschehen; und er vergisst
diese seine edelste Bestimmung so sehr, dass er die
unbegreiflichen Wege der Vorsicht mit in seinen kleinen Zirkel flicht und geflissentlich unsern Schauder
darüber erregt?—O verschont uns damit, ihr, die ihr
unser Herz in eurer Gewalt habt! Wozu diese traurige
Empfindung? Uns Unterwerfung zu lehren? Diese
kann uns die kalte Vernunft lehren; und wenn die
Lehre der Vernunft in uns bekleiben soll, wenn wir
bei unserer Unterwerfung noch Vertrauen und fröh-
lichen Muth behalten sollen; so ist es höchst nöthig,
dass wir an die verwirrenden Beispiele solcher unverdienten schrecklichen Verhängnisse so wenig als

möglich erinnert werden. Weg mit ihnen von der
Bühne! Weg, wenn es sein könnte, aus allen Büchern
mit ihnen!—

Wenn nun aber keine einzige der Personen des
Richard die erforderlichen Eigenschaften hat, die sie
haben müssten, falls er wirklich das sein sollte, was
er heisst: wodurch ist er gleichwohl ein so interes-
santes Stück geworden, wofür ihn unser Publikum
hält? Wenn er nicht Mitleid und Furcht erregt: was
ist denn seine Wirkung? Wirkung muss er doch
haben, und hat sie. Und wenn er Wirkung hat: ist
es nicht gleichviel, ob er diese, oder ob er jene hat?
Wenn er die Zuschauer beschäftigt, wenn er sie vergnügt: was will man denn mehr? Müssen sie denn
nothwendig nur nach den Regeln des Aristoteles beschäftigt und vergnügt werden?

Das klingt so unrecht nicht; aber es ist darauf zu
antworten. Ueberhaupt: wenn Richard schon keine
Tragödie wäre, so bleibt er doch ein dramatisches
Gedicht; wenn ihm schon die Schönheiten der
Tragödie mangelten, so könnte er doch sonst Schönheiten haben. Poesie des Ausdrucks; Bilder; Tiraden;
kühne Gesinnungen; einen feurigen hinreissenden
Dialog; glückliche Veranlassungen für den Akteur,
den ganzen Umfang seiner Stimme mit den mannig-
faltigsten Abwechslungen zu durchlaufen, seine ganze
Stärke in der Pantomime zu zeigen, u. s. w.

Von diesen Schönheiten hat Richard viele und auch
noch andere, die den eigentlichen Schönheiten der
Tragödie näher kommen.

Richard ist ein abscheulicher Bösewicht; aber auch
die Beschäftigung unsers Abscheues ist nicht ganz
ohne Vergnügen, besonders in der Nachahmung.

Auch das Ungeheure in den Verbrechen participirt von den Empfindungen, welche Grösse und Kühnheit in uns erwecken.

Alles, was Richard thut, ist Gräuel; aber alle diese Gräuel geschehen in Absicht auf etwas. Richard hat einen Plan; und überall, wo wir einen Plan wahrnehmen, wird unsere Neugierde rege; wir warten gern mit ab, o b er ausgeführt, und wi e er es wird werden; wir lieben das Zweckmässige so sehr, dass es uns, auch unabhängig von der Moralität des Zwecks, Vergnügen gewährt.

Wir wollten, dass Richard seinen Zweck erreichte; und wir wollten, dass er ihn auch nicht erreichte. Das Erreichen erspart uns das Missvergnügen über ganz vergebens angewandte Mittel: wenn er ihn nicht erreicht, so ist so viel Blut völlig umsonst vergossen worden; da es einmal vergossen ist, möchten wir es nicht gern auch noch bloss vor langer Weile vergossen finden. Hinwiederum wäre dieses Erreichen das Frohlocken der Bosheit; nichts hören wir ungerner; die Absicht interessirte uns, als zu erreichende Absicht; wenn sie aber nun erreicht wäre, würden wir nichts als das Abscheuliche derselben erblicken; würden wir wünschen, dass sie nicht erreicht wäre; diesen Wunsch sehen wir voraus, und uns schaudert vor der Erreichung.

Die guten Personen des Stücks lieben wir; eine so zärtliche feurige Mutter, Geschwister, die so ganz eins in dem andern leben; diese Gegenstände gefallen immer, erregen immer die süssesten sympathetischen Empfindungen, wir mögen sie finden, wo wir wollen. Sie ganz ohne Schuld leiden zu sehen, ist zwar herbe, ist zwar für unsere Ruhe, zu unserer Besserung kein sehr erspriessliches Gefühl; aber es ist doch immer Gefühl.

Und sonach beschäftigt uns das Stück durchaus, und vergnügt durch diese Beschäftigung unsere Seelenkräfte. Das ist wahr; nur die Folge ist nicht wahr, die man daraus zu ziehen meint: nämlich, dass wir also damit zufrieden sein können.

Ein Dichter kann viel gethan und doch noch nichts damit verthan haben. Nicht genug, dass sein Werk Wirkungen auf uns hat: es muss auch d i e haben, die ihm, vermöge der Gattung, zukommen; es muss diese vornehmlich haben und alle andere können den Mangel derselben auf keine Weise ersetzen; besonders wenn die Gattung von d e r Wichtigkeit und Schwierigkeit und Kostbarkeit ist, dass alle Mühe und aller Aufwand vergebens wäre, wenn sie weiter nichts, als solche Wirkungen hervorbringen wollte, die durch eine leichtere und weniger Anstalten erfordernde Gattung eben so wohl zu erhalten wären. Ein Bund Stroh aufzuheben, muss man keine Maschinen in Bewegung setzen; was ich mit dem Fusse umstossen kann, muss ich nicht mit einer Mine sprengen wollen; ich muss keinen Scheiterhaufen anzünden, um eine Mücke zu verbrennen.

LXXX

Den 5. Februar 1768

Wozu die saure Arbeit der dramatischen Form? wozu ein Theater erbaut, Männer und Weiber verkleidet, Gedächtnisse gemartert, die ganze Stadt auf einen Platz geladen? wenn ich mit meinem Werke und mit

der Aufführung desselben weiter nichts hervorbringen
will, als einige von den Regungen, die eine gute Erzählung, von Jedem zu Hause in seinem Winkel
gelesen, ungefähr auch hervorbringen würde.

Die dramatische Form ist die einzige, in welcher
sich Mitleid und Furcht erregen lässt; wenigstens
können in keiner andern Form diese Leidenschaften
auf einen so hohen Grad erregt werden; und gleichwohl will man lieber alle andere darin erregen, als
diese; gleichwohl will man sie lieber zu allem andern
brauchen, als zu dem, wozu sie so vorzüglich ge-
schickt ist.

Das Publikum nimmt vorlieb.—Das ist gut und
auch nicht gut; denn man sehnt sich nicht sehr nach
der Tafel, an der man immer vorlieb nehmen muss.

Es ist bekannt, wie erpicht das griechische und
römische Volk auf die Schauspiele waren, besonders
jenes auf das tragische. Wie gleichgültig, wie kalt ist
dagegen unser Volk für das Theater! Woher diese
Verschiedenheit, wenn sie nicht daher kommt, dass
die Griechen vor ihrer Bühne sich mit so starken, so
ausserordentlichen Empfindungen begeistert fühlten,
dass sie den Augenblick nicht erwarten konnten, sie
abermals und abermals zu haben; da hingegen wir
uns vor unserer Bühne so schwacher Eindrücke bewusst sind, dass wir es selten der Zeit und des Geldes
werth halten, sie uns zu verschaffen? Wir gehen, fast
alle, fast immer, aus Neugierde, aus Mode, aus Lan-
gerweile, aus Gesellschaft, aus Begierde zu begaffen
und begafft zu werden, in's Theater; und nur wenige
und diese wenige nur sparsam, aus anderer Absicht.

Ich sage: wir, unser Volk, unsere Bühne; ich meine
aber nicht bloss uns Deutsche. Wir Deutsche be-

kennen es treuherzig genug, dass wir noch kein
Theater haben. Was viele von unsern Kunstrichtern,
die in dieses Bekenntniss mit einstimmen und grosse
Verehrer des französischen Theaters sind, dabei denken: das kann ich so eigentlich nicht wissen. Aber
ich weiss wohl, was ich dabei denke. Ich denke nämlich dabei, dass nicht allein wir Deutsche, sondern
dass auch die, welche sich seit hundert Jahren ein
Theater zu haben rühmten, ja das beste Theater von
ganz Europa zu haben prahlen,—dass auch die Franzosen noch kein Theater haben.

Ein tragisches gewiss nicht! Denn auch die Eindrücke, welche die französische Tragödie macht, sind
so flach, so kalt!—Man höre einen Franzosen selbst
davon sprechen.

„Bei den hervorstechendsten Schönheiten unsers
Theaters," sagt Herr von Voltaire, „fand sich ein ver-
borgener Fehler, den man nicht bemerkt hatte, weil
das Publikum von selbst keine höhere Idee haben
konnte, als ihm die grossen Meister durch ihre grossen
Muster beibrachten. Der einzige Saint-Evremont hat
diesen Fehler aufgemutzt; er sagt nämlich, dass unsere Stücke nicht Eindruck genug machten; dass das,
was Mitleid erwecken solle, auf's höchste Zärtlich-
keit errege; dass Rührung die Stelle der Erschütterung,
und Erstaunen die Stelle des Schreckens vertrete:
kurz, dass unsere Empfindungen nicht tief genug
gingen. Es ist nicht zu läugnen: Saint-Evremont hat
mit dem Finger gerade auf die heimliche Wunde des
französischen Theaters getroffen. Man sage immer-
hin, dass Saint-Evremont der Verfasser der elenden
Komödie Sir Politik Wouldbe, und noch einer andern
eben so elenden, die Opern genannt, ist; dass seine

kleinen gesellschaftlichen Gedichte das Kahlste und
Gemeinste sind, was wir in dieser Gattung haben;
dass er nichts als ein Phrasendrechsler war: man kann
keinen Funken Genie haben und gleichwohl viel Witz
und Geschmack besitzen. Sein Geschmack aber war
unstreitig sehr fein, da er die Ursache, warum die
meisten von unsern Stücken so matt und kalt sind,
so genau traf. Es hat uns immer an einem Grade von
Wärme gefehlt; das andere hatten wir alles."

Das ist: wir hatten alles, nur nicht das, was wir
haben sollten; unsere Tragödien waren vortrefflich,
nur dass es keine Tragödien waren. Und woher kam
es, dass sie das nicht waren?

„Diese Kälte aber," fährt er fort, „diese einför-
mige Mattigkeit, entsprang zum Theil von dem
kleinen Geiste der Galanterie, der damals unter
unsern Hofleuten und Damen so herrschte, und die
Tragödie in eine Folge von verliebten Gesprächen
verwandelte, nach dem Geschmack des Cyrus und
der Clelie. Was für Stücke sich hiervon noch etwa
ausnahmen, die bestanden aus langen politischen
Raisonnements, dergleichen den Sertorius so verdor-
ben, den Otho so kalt, und den Surena und Attila so
elend gemacht haben. Noch fand sich aber auch eine
andere Ursache, die das hohe Pathetische von unserer
Scene zurückhielt, und die Handlung wirklich tragisch
zu machen verhinderte; und diese war, das enge
schlechte Theater mit seinen armseligen Verzierungen.
—Was liess sich auf einem Paar Dutzend Brettern,
die noch dazu mit Zuschauern angefüllt waren,
machen? Mit welchem Pomp, mit welchen Zurüstungen konnte man da die Augen der Zuschauer be-
stechen, fesseln, täuschen? Welche grosse tragische

Aktion liess sich da aufführen? Welche Freiheit
konnte die Einbildungskraft des Dichters da haben?
Die Stücke mussten aus langen Erzählungen bestehen, und so wurden sie mehr Gespräche als Spiele.
Jeder Akteur wollte in einem langen Monologe glän-
zen, und ein Stück, das dergleichen nicht hatte, ward
verworfen.—Bei dieser Form fiel alle theatralische
Handlung weg; fielen alle die grossen Ausdrücke der
Leidenschaften, alle die kräftigen Gemälde der
menschlichen Unglücksfälle, alle die schrecklichen bis
in das Innerste der Seele dringenden Züge weg; man
rührte das Herz nur kaum, anstatt es zu zerreissen.''
    Mit der ersten Ursache hat es seine gute Richtig-
keit. Galanterie und Politik lassen immer kalt; und
noch ist es keinem Dichter in der Welt gelungen, die
Erregung des Mitleids und der Furcht damit zu verbinden. Jene lassen uns nichts als den *Fat*, oder den
Schulmeister hören; und diese fordern, dass wir
nichts als den Menschen hören sollen.
    Aber die zweite Ursache?—Sollte es möglich sein,
dass der Mangel eines geräumigen Theaters und guter
Verzierungen einen solchen Einfluss auf das Genie
der Dichter gehabt hätte? Ist es wahr, dass jede
tragische Handlung Pomp und Zurüstungen erfordert? Oder sollte der Dichter nicht vielmehr sein
Stück so einrichten, dass es auch ohne diese Dinge
seine völlige Wirkung hervorbrächte?
    Nach dem Aristoteles, sollte er es allerdings.
,,Furcht und Mitleid,'' sagt der Philosoph, ,,lässt sich
zwar durchs Gesicht erregen; es kann aber auch aus
der Verknüpfung der Begebenheiten selbst entspringen, welches letztere vorzüglicher und die Weise des
bessern Dichters ist. Denn die Fabel muss so einge-

richtet sein, dass sie, auch ungesehen, den, der den Verlauf ihrer Begebenheiten bloss anhört, zu Mitleid und Furcht über diese Begebenheiten bringt, so wie die Fabel des Oedip, die man nur anhören darf, um dazu gebracht zu werden. Diese Absicht aber durch das Gesicht erreichen wollen, erfordert weniger Kunst, und ist deren Sache, welche die Vorstellung des Stücks übernommen."

Wie entbehrlich überhaupt die theatralischen Verzierungen sind, davon will man mit den Stücken Shakespeares eine sonderbare Erfahrung gemacht haben. Welche Stücke brauchten, wegen ihrer beständigen Unterbrechung und Veränderung des Orts, des Beistandes der Scenen und der ganzen Kunst des Dekorateurs wohl mehr, als eben diese? Gleichwohl war eine Zeit, wo die Bühnen, auf welchen sie gespielt wurden, aus nichts bestanden, als aus einem Vorhange von schlechtem groben Zeuge, der, wenn er aufgezogen worden war, die blossen blanken, höchstens mit Matten oder Tapeten behangenen Wände zeigte; da war nichts als die Einbildung, was dem Verständnisse des Zuschauers und der Ausführung des Spielers zu Hülfe kommen konnte; und dem ungeachtet, sagt man, waren damals Shakespeares Stücke ohne alle Scenen verständlicher, als sie es hernach mit denselben gewesen sind.

Wenn sich also der Dichter um die Verzierung gar nicht zu bekümmern hat; wenn die Verzierung, auch wo sie nöthig scheint, ohne besondern Nachtheil seines Stücks wegbleiben kann: warum sollte es an dem engen, schlechten Theater gelegen haben, dass uns die französischen Dichter keine rührendere Stücke geliefert? Nicht doch: es lag an ihnen selbst!

Und das beweiset die Erfahrung. Denn nun haben ja die Franzosen eine schönere, geräumigere Bühne; keine Zuschauer werden mehr darauf geduldet; die Coulissen sind leer; der Dekorateur hat freies Feld; er malt und baut dem Poeten alles, was dieser von ihm verlangt: aber wo sind sie denn, die wärmeren Stücke, die sie seitdem erhalten haben? Schmeichelt sich Herr von Voltaire, dass seine Semiramis ein solches Stück ist? Da ist Pomp und Verzierung genug, ein Gespenst oben drein; und doch kenne ich nichts Kälteres, als seine Semiramis.

LXXXI

Den 9. Februar 1768

WILL ich denn nun aber damit sagen, dass kein Franzose fähig sei, ein wirklich rührendes tragisches Werk zu machen? dass der volatile Geist der Nation einer solchen Arbeit nicht gewachsen sei?—Ich würde mich schämen, wenn mir das nur eingekommen wäre. Deutschland hat sich noch durch keinen Bouhours lächerlich gemacht. Und ich, für mein Theil, hätte nun gleich die wenigste Anlage dazu. Denn ich bin sehr überzeugt, dass kein Volk in der Welt irgend eine Gabe des Geistes vorzüglich vor andern Völkern erhalten habe. Man sagt zwar: der tiefsinnige Engländer, der witzige Franzose. Aber wer hat denn die Theilung gemacht? Die Natur gewiss nicht, die alles unter alle gleich vertheilt. Es giebt eben so viel witzige Engländer, als witzige Franzosen, und eben so viel tiefsinnige Franzosen, als tiefsinnige Engländer: der Brass von dem Volke aber ist keins von beiden.—

Was will ich denn? Ich will bloss sagen, was die
Franzosen gar wohl haben könnten, dass sie das noch
nicht haben: die wahre Tragödie. Und warum noch
nicht haben?—Dazu hätte sich der Herr von Voltaire
selbst besser kennen müssen, wenn er es hätte treffen
wollen.

Ich meine: sie haben es noch nicht; weil sie es
schon lange gehabt zu haben glauben. Und in diesem
Glauben werden sie nun freilich durch etwas be-
stärkt, das sie vorzüglich vor allen Völkern haben;
aber es ist keine Gabe der Natur: durch ihre Eitelkeit.

Es geht mit den Nationen, wie mit einzelnen
Menschen.—Gottsched (man wird leicht begreifen,
wie ich eben hier auf diesen falle,) galt in seiner Jugend
für einen Dichter, weil man damals den Versmacher
von dem Dichter noch nicht zu unterscheiden wusste.
Philosophie und Kritik setzten nach und nach diesen
Unterschied in's Helle: und wenn Gottsched mit
dem Jahrhunderte nur hätte fortgehen wollen, wenn
sich seine Einsichten und sein Geschmack nur zugleich mit den Einsichten und dem Geschmacke
seines Zeitalters hätten verbreiten und läutern wollen:
so hätte er vielleicht wirklich aus dem Versmacher ein
Dichter werden können. Aber da er sich schon so oft
den grössten Dichter hatte nennen hören, da ihn
seine Eitelkeit überredet hatte, dass er es sei: so
unterblieb jenes. Er konnte unmöglich erlangen, was
er schon zu besitzen glaubte: und je älter er ward,
desto hartnäckiger und unverschämter ward er, sich
in diesem träumerischen Besitze zu behaupten.

Gerade so, dünkt mich, ist es den Franzosen ergan
gen. Kaum riss Corneille ihr Theater ein wenig aus
der Barbarei, so glaubten sie es der Vollkommenheit

schon ganz nahe. Racine schien ihnen die letzte Hand
angelegt zu haben; und hierauf war gar nicht mehr
die Frage, (die es zwar auch nie gewesen,) ob der
tragische Dichter nicht noch pathetischer, oder rüh-
render sein könne, als Corneille und Racine, sondern
dieses ward für unmöglich angenommen, und alle
Beeiferung der nachfolgenden Dichter musste sich
darauf einschränken, dem einen oder dem andern so
ähnlich zu werden als möglich. Hundert Jahre haben
sie sich selbst, und zum Theil ihre Nachbarn mit,
hintergangen: nun komme einer, und sage ihnen das,
und höre, was sie antworten!

Von beiden aber ist es Corneille, welcher den
meisten Schaden gestiftet, und auf ihre tragischen
Dichter den verderblichsten Einfluss gehabt hat.
Denn Racine hat nur durch seine Muster verführt;
Corneille aber, durch seine Muster und Lehren
zugleich.

Diese letztern besonders, von der ganzen Nation
(bis auf einen oder zwei Pedanten, einen Hédelin,
einen Dacier, die aber oft selbst nicht wussten was
sie wollten,) als Orakelsprüche angenommen, von
allen nachherigen Dichtern befolgt: haben—ich getraue mich, es Stück für Stück zu beweisen—nichts
anders, als das kahlste, wässrigste, untragischte Zeug
hervorbringen können.

Die Regeln des Aristoteles sind alle auf die höchste
Wirkung der Tragödie kalkulirt. Was macht aber
Corneille damit? Er trägt sie falsch und schielend
genug vor; und weil er sie doch noch viel zu strenge
findet: so sucht er, bei einer nach der andern, *quelque
modération, quelque favorable interprétation*; entkräftet
und verstümmelt, deutet und vereitelt eine jede,—

und warum? *pour n'être pas obligé de condamner beau-*
coup de poëmes que nous avons vu réussir sur nos théâtres:
um nicht viele Gedichte verwerfen zu dürfen, die auf
unsern Bühnen Beifall gefunden. Eine schöne Ursache!
Ich will die Hauptpunkte geschwind berühren.
Einige davon habe ich schon berührt; ich muss sie
aber, des Zusammenhangs wegen, wiederum mitneh-
men.

1. Aristoteles sagt: die Tragödie soll Mitleid und
Furcht erregen.—Corneille sagt: o ja, aber wie es
kommt; beides zugleich ist eben nicht immer nöthig;
wir sind auch mit Einem zufrieden; jetzt einmal Mitleid, ohne Furcht; ein andermal Furcht, ohne Mitleid. Denn wo bliebe ich, ich der grosse Corneille,
sonst mit meinem Rodrigue und meiner Chimene?
Die guten Kinder erwecken Mitleid; und sehr grosses
Mitleid: aber Furcht wohl schwerlich. Und wiederum: wo bliebe ich sonst mit meiner Cleopatra,
mit meinem Prusias, mit meinem Phokas? Wer kann
Mitleid mit diesen Nichtswürdigen haben? Aber
Furcht erregen sie doch.—So glaubte Corneille: und
die Franzosen glaubten es ihm nach.

2. Aristoteles sagt: die Tragödie soll Mitleid und
Furcht erregen; beides, versteht sich, durch eine und
eben dieselbe Person.—Corneille sagt, wenn es sich
so trifft, recht gut. Aber absolut nothwendig ist es
eben nicht; und man kann sich gar wohl auch ver-
schiedener Personen bedienen, diese zwei Empfindungen hervorzubringen: so wie Ich in meiner Rodogune gethan habe.—Das hat Corneille gethan: und
die Franzosen thun es ihm nach.

3. Aristoteles sagt: durch das Mitleid und die
Furcht, welche die Tragödie erweckt, soll unser Mit-

leid und unsre Furcht, und was diesen anhängig, gereiniget werden.—Corneille weiss davon gar nichts, und bildet sich ein, Aristoteles habe sagen wollen: die Tragödie erwecke unser Mitleid, um unsre Furcht zu erwecken, um durch diese Furcht die Leidenschaften in uns zu reinigen, durch die sich der bemitleidete Gegenstand sein Unglück zugezogen. Ich will von dem Werthe dieser Absicht nicht sprechen: genug, dass es nicht die Aristotelische ist; und dass, da Corneille seinen Tragödien eine ganz andere Absicht gab, auch nothwendig seine Tragödien selbst ganz andere Werke werden mussten, als die waren, von welchen Aristoteles seine Absicht abstrahirt hatte; es mussten Tragödien werden, welche keine wahren Tragödien waren. Und das sind nicht allein seine, sondern alle französische Tragödien geworden; weil ihre Verfasser alle, nicht die Absicht des Aristoteles, sondern die Absicht des Corneille sich vorsetzten. Ich habe schon gesagt, dass Dacier beide Absichten wollte verbunden wissen: aber auch durch diese blosse Verbindung, wird die erstere geschwächt, und die Tragödie muss unter ihrer höchsten Wirkung bleiben. Dazu hatte Dacier, wie ich gezeigt, von der erstern nur einen sehr unvollständigen Begriff, und es war kein Wunder, wenn er sich daher einbildete, dass die französischen Tragödien seiner Zeit noch eher die erste, als die zweite Absicht erreichten. „Unsre Tragödie," sagt er, „ist, zu Folge jener, noch so ziemlich glücklich, `Mitleid und Furcht zu erwecken und zu reinigen. Aber diese gelingt ihr nur selten, die doch gleichwohl die wichtigere ist, und sie reiniget die übrigen Leidenschaften nur sehr wenig, oder, da sie gemeiniglich nichts als Liebesintriguen enthält, wenn sie ja eine davon reinigte, so würde es einzig und allein die Liebe sein, woraus denn klar erhellt, dass ihr Nutzen nur sehr klein ist." Gerade umgekehrt! Es giebt noch eher französische Tragödien, welche der zweiten, als welche der ersten Absicht ein Genüge leisten. Ich kenne verschiedene französische Stücke, welche die unglücklichen Folgen irgend einer Leidenschaft recht wohl ins Licht setzen; aus denen man viele gute Lehren, diese Leidenschaft betreffend, ziehen kann: aber ich kenne keins, welches mein Mitleid in dem Grade erregte, in welchem die Tragödie es erregen sollte, in welchem ich aus verschiedenen griechischen und englischen Stücken gewiss weiss, dass sie es erregen kann. Verschiedene französische Tragödien sind sehr feine, sehr unterrichtende Werke, die ich alles Lobes werth halte: nur, dass es keine Tragödien sind. Die Verfasser derselben konnten nicht anders, als sehr gute Köpfe sein; sie verdienen, zum Theil, unter den Dichtern keinen geringen Rang: nur dass sie keine tragische Dichter sind; nur dass ihr Corneille und Racine, ihr Crébillon und Voltaire von dem wenig oder gar nichts haben, was den Sophokles zum Sophokles, den Euripides zum Euripides, den Shakespeare zum Shakespeare macht. Diese sind selten mit den wesentlichen Forderungen des Aristoteles in Widerspruch: aber jene desto öfter. Denn nur weiter—

LXXXII
Den 12. Februar 1768

4. ARISTOTELES sagt: man muss keinen ganz guten Mann, ohne all' sein Verschulden, in der Tragödie

W II

5

unglücklich werden lassen; denn so was sei grässlich!
—„Ganz recht," sagt Corneille, „ein solcher Aus-
gang erweckt mehr Unwillen und Hass gegen den,
welcher das Leiden verursacht, als Mitleid für den,
welchen es trifft. Jene Empfindung also, welche
nicht die eigentliche Wirkung der Tragödie sein soll,
würde, wenn sie nicht sehr fein behandelt wäre, diese
ersticken, die doch eigentlich hervorgebracht werden
sollte. Der Zuschauer würde missvergnügt weggehen,
weil sich allzuviel Zorn mit dem Mitleiden vermischt,
welches ihm gefallen hätte, wenn er es hätte allein mit
wegnehmen können. Aber—kommt Corneille hinten
nach; denn mit einem Aber muss er nachkommen,
—aber, wenn diese Ursache wegfällt, wenn es der
Dichter so eingerichtet, dass der Tugendhafte, welcher
leidet, mehr Mitleid für sich als Widerwillen gegen den
erweckt, der ihn leiden lässt: alsdann?—O alsdann,
sagt Corneille, halte ich dafür, darf man sich gar kein
Bedenken machen, auch den tugendhaftesten Mann
auf dem Theater im Unglücke zu zeigen."—Ich begreife nicht, wie man gegen einen Philosophen so in
den Tag hineinschwatzen kann; wie man sich das
Ansehen geben kann, ihn zu verstehen, indem man
ihn Dinge sagen lässt, an die er nie gedacht hat. Das
gänzlich unverschuldete Unglück eines rechtschaffenen Mannes, sagt Aristoteles, ist kein Stoff für das
Trauerspiel; denn es ist grässlich. Aus diesem Denn,
aus dieser Ursache, macht Corneille ein Insofern,
eine blosse Bedingung, unter welcher es tragisch zu
sein aufhört. Aristoteles sagt: es ist durchaus grässlich, und eben daher untragisch. Corneille aber sagt:
es ist untragisch, insofern es grässlich ist. Dieses
Grässliche findet Aristoteles in dieser Art des Un-

glückes selbst; Corneille aber setzt es in den Unwillen,
den es gegen den Urheber desselben verursacht Er
sieht nicht, oder will nicht sehen, dass jenes Grässliche ganz etwas anders ist, als dieser Unwille; dass,
wenn auch dieser ganz wegfällt, jenes doch noch in
seinem vollen Maasse vorhanden sein kann: genug,
dass fürs erste mit diesem *Quid pro quo* verschiedene
von seinen Stücken gerechtfertigt scheinen, die er so
wenig wider die Regeln des Aristoteles will gemacht
haben, dass er vielmehr vermessen genug ist, sich
einzubilden, es habe dem Aristoteles bloss an dergleichen Stücken gefehlt, um seine Lehre darnach
näher einzuschränken und verschiedene Manieren
daraus zu abstrahiren, wie demungeachtet das Unglück des ganz rechtschaffenen Mannes ein tragischer
Gegenstand werden könne. *En voici,* sagt er: *deux ou
trois manières, que peut-être Aristôte n'a sû prévoir,
parce qu'on n'en voyoit pas d'exemples sur les théâtres
de son tems.* Und von wem sind diese Exempel? Von
wem anders, als von ihm selbst? Und welches sind
jene zwei oder drei Manieren? Wir wollen geschwind
sehen.—,,Die erste,'' sagt er, ,,ist, wenn ein sehr
Tugendhafter durch einen sehr Lasterhaften verfolgt
wird, der Gefahr aber entkommt, und so, dass der
Lasterhafte sich selbst darin verstrickt, wie es in der
Rodogune und im Heraclius geschieht, wo es ganz
unerträglich würde gewesen sein, wenn in dem ersten
Stücke Antiochus und Rodogune, und in dem andern
Heraclius, Pulcheria und Martian umgekommen wären,
Cleopatra und Phokas aber triumphirt hätten. Das
Unglück der ersten erweckt ein Mitleid, welches
durch den Abscheu, den wir wider ihre Verfolger
haben, nicht erstickt wird, weil man beständig hofft,

dass sich irgend ein glücklicher Zufall ereignen werde, der sie nicht unterliegen lasse." Das mag Corneille sonst jemand weiss machen, dass Aristoteles diese Manier nicht gekannt habe! Er hat sie so wohl gekannt, dass er sie, wo nicht gänzlich verworfen, wenigstens mit ausdrücklichen Worten für angemessener der Komödie als Tragödie erklärt hat. Wie war es möglich, dass Corneille dieses vergessen hatte? Aber so geht es allen, die im voraus ihre Sache zu der Sache der Wahrheit machen. Im Grunde gehört diese Manier auch gar nicht zu dem vorhabenden Falle. Denn nach ihr wird der Tugendhafte nicht unglücklich, sondern befindet sich nur auf dem Wege zum Unglücke; welches gar wohl mitleidige Besorgnisse für ihn erregen kann, ohne grässlich zu sein.— Nun die zweite Manier! ,,Auch kann es sich zutragen," sagt Corneille, ,,dass ein sehr tugendhafter Mann verfolgt wird und auf Befehl eines Andern umkommt, der nicht lasterhaft genug ist, unsern Unwillen allzusehr zu verdienen, indem er in der Verfolgung, die er wider den Tugendhaften betreibt, mehr Schwachheit als Bosheit zeigt. Wenn Felix seinen Eidam Polyeukt umkommen lässt, so ist es nicht aus wüthendem Eifer gegen die Christen, der ihn uns verabscheuungswürdig machen würde, sondern bloss aus kriechender Furchtsamkeit, die sich nicht getrauet, ihn in Gegenwart des Severus zu retten, vor dessen Hasse und Rache er in Sorgen steht. Man fasset also wohl einigen Unwillen gegen ihn, und missbilligt sein Verfahren; doch überwiegt dieser Unwille nicht das Mitleid, welches wir für den Polyeukt empfinden, und verhindert auch nicht, dass ihn seine wunderbare Bekehrung, zum Schlusse des Stücks,

nicht völlig wieder mit den Zuhörern aussöhnen
sollte." Tragische Stümper, denke ich, hat es wohl
zu allen Zeiten, und selbst in Athen, gegeben. Warum
sollte es also dem Aristoteles an einem Stücke von
ähnlicher Einrichtung gefehlt haben, um daraus eben
so erleuchtet zu werden, als Corneille? Possen! Die
furchtsamen, schwankenden, unentschlossenen Charaktere, wie Felix, sind in dergleichen Stücken ein
Fehler mehr und machen sie noch obendrein ihrer-
seits kalt und ekelhaft, ohne sie auf der andern Seite
im geringsten weniger grässlich zu machen. Denn,
wie gesagt, das Grässliche liegt nicht in dem Unwillen
oder Abscheu, den sie erwecken: sondern in dem Unglücke selbst, das jene unverschuldet trifft; das sie
einmal so unverschuldet trifft, als das andere, ihre
Verfolger mögen böse oder schwach sein, mögen mit
oder ohne Vorsatz ihnen so hart fallen. Der Gedanke
ist an und für sich selbst grässlich, dass es Menschen
geben kann, die ohne alle ihr Verschulden unglücklich sind. Die Heiden hätten diesen grässlichen Gedanken so weit von sich zu entfernen gesucht, als
möglich: und wir wollten ihn nähren? wir wollten
uns an Schauspielen vergnügen, die ihn bestätigen?
wir? die Religion und Vernunft überzeugt haben
sollte, dass er eben so unrichtig als gotteslästerlich
ist?—Das nämliche würde sicherlich auch gegen die
dritte Manier gelten; wenn sie Corneille nicht selbst
näher anzugeben vergessen hätte.

5. Auch gegen das, was Aristoteles von der Un-
schicklichkeit eines ganz Lasterhaften zum tragischen
Helden sagt, als dessen Unglück weder Mitleid noch
Furcht erregen könne, bringt Corneille seine Läuter-
ungen bei. Mitleid zwar, gesteht er zu, könne er nicht

erregen; aber Furcht allerdings. Denn ob sich schon keiner von den Zuschauern der Laster desselben fähig glaube, und folglich auch desselben ganzes Unglück nicht zu befürchten habe: so könne doch ein jeder irgend eine jenen Lastern ähnliche Unvollkommenheit bei sich hegen, und durch die Furcht vor den zwar proportionirten, aber doch noch immer unglücklichen Folgen derselben, gegen sie auf seiner Hut zu sein lernen. Doch dieses gründet sich auf den falschen Begriff, welchen Corneille von der Furcht und von der Reinigung der in der Tragödie zu erweckenden Leidenschaften hatte und widerspricht sich selbst. Denn ich habe schon gezeigt, dass die Erregung des Mitleids von der Erregung der Furcht unzertrennlich ist und dass der Bösewicht, wenn es möglich wäre, dass er unsere Furcht erregen könnte, auch nothwendig unser Mitleid erregen müsste. Da er aber dieses, wie Corneille selbst zugesteht, nicht kann, so kann er auch jenes nicht, und bleibt gänzlich ungeschickt, die Absicht der Tragödie erreichen zu helfen. Ja Aristoteles hält ihn hierzu noch für ungeschickter als den ganz tugendhaften Mann; denn er will ausdrücklich, falls man den Helden aus der mittlern Gattung nicht haben könne, dass man ihn eher besser als schlimmer wählen solle. Die Ursache ist klar: ein Mensch kann sehr gut sein, und doch noch mehr als Eine Schwachheit haben, mehr als Einen Fehler begehen, wodurch er sich in ein unabsehliches Unglück stürzt, das uns mit Mitleid und Wehmuth erfüllt, ohne im geringsten grässlich zu sein, weil es die natürliche Folge seines Fehlers ist. —Was Du Bos von dem Gebrauche der lasterhaften Personen in der Tragödie sagt, ist das nicht, was

Corneille will. Du Bos will sie nur zu den Neben-
rollen erlauben: bloss zu Werkzeugen, die Hauptper-
sonen weniger schuldig zu machen; bloss zur Ab-
stechung. Corneille aber will das vornehmste Interesse auf ihnen beruhen lassen, so wie in der Rodogune;
und das ist es eigentlich, was mit der Absicht der
Tragödie streitet und nicht jenes. Du Bos merkt
dabei auch sehr richtig an, dass das Unglück dieser
subalternen Bösewichter keinen Eindruck auf uns
mache. Kaum, sagt er, dass man den Tod des Narciss
im Britannicus bemerkt. Aber also sollte sich der
Dichter, auch schon deswegen, ihrer so viel als möglich enthalten. Denn wenn ihr Unglück die Absicht
der Tragödie nicht unmittelbar befördert, wenn sie
blosse Hülfsmittel sind, durch die sie der Dichter
desto besser mit andern Personen zu erreichen sucht:
so ist es unstreitig, dass das Stück noch besser sein
würde, wenn es die nämliche Wirkung ohne sie hätte.
Je simpler eine Maschine ist, je weniger Federn und
Räder und Gewichte sie hat: desto vollkommener ist
sie.

LXXXIII

Den 16. Februar 1768

6. UND endlich, die Missdeutung der ersten und
wesentlichsten Eigenschaften, welche Aristoteles für
die Sitten der tragischen Personen fordert! Sie sollen
gut sein, die Sitten.—Gut? sagt Corneille. „Wenn
gut hier so viel als tugendhaft heissen soll: so wird es
mit den meisten alten und neuen Tragödien übel

aussehen, in welchen schlechte und lasterhafte, wenigstens mit einer Schwachheit, die nächst der Tugend so recht nicht bestehen kann, behaftete Personen genug vorkommen." Besonders ist ihm für seine Cleopatra in der Rodogune bange. Die Güte, welche Aristoteles fordert, will er also durchaus für keine moralische Güte gelten lassen; es muss eine andere Art von Güte sein, die sich mit dem moralisch-Bösen eben so wohl verträgt, als mit dem moralisch-Guten. Gleichwohl meint Aristoteles schlechterdings eine moralische Güte; nur dass ihm tugendhafte Personen und Personen, welche in gewissen Umständen tugendhafte Sitten zeigen, nicht einerlei sind. Kurz, Corneille verbindet eine ganz falsche Idee mit dem Worte Sitten, und was die Proäresis ist, durch welche allein, nach unserm Weltweisen, freie Handlungen zu guten oder bösen Sitten werden, hat er gar nicht verstanden. Ich kann mich jetzt nicht in einen weitläuftigen Beweis einlassen; er lässt sich nur durch den Zusammenhang, durch die syllogistische Folge aller Ideen des griechischen Kunstrichters einleuchtend genug führen. Ich verspare ihn daher auf eine andere Gelegenheit, da es bei dieser ohnedies nur darauf ankömmt, zu zeigen, was für einen unglücklichen Ausweg Corneille, bei Verfehlung des richtigen Weges, ergriffen habe. Dieser Ausweg lief dahin: dass Aristoteles unter der Güte der Sitten den glänzenden und erhabenen Charakter irgend einer tugendhaften oder strafbaren Neigung verstehe, so wie sie der eingeführten Person entweder eigenthümlich zukomme, oder ihr schicklich beigelegt werden könne: *le caractère brillant et élevé d'une habitude vertueuse ou criminelle, selon qu'elle est propre et convenable à la*

personne qu'on introduit. ,,Cleopatra in der Rodogune,‘‘
sagt er, ,,ist äusserst böse; da ist kein Meuchelmord,
vor dem sie sich scheue, wenn er sie nur auf dem
Throne zu erhalten vermag, den sie allem in der Welt
vorzieht: so heftig ist ihre Herrschsucht. Aber alle
ihre Verbrechen sind mit einer gewissen Grösse der
Seele verbunden, die so etwas Erhabenes hat, dass
man, indem man ihre Handlungen verdammt, doch
die Quelle, woraus sie entspringen, bewundern muss.
Eben dieses getraue ich mir von dem Lügner zu
sagen. Das Lügen ist unstreitig eine lasterhafte An-
gewohnheit; allein Dorant bringt seine Lügen mit
einer solchen Gegenwart des Geistes, mit so vieler
Lebhaftigkeit vor, dass diese Unvollkommenheit ihm
ordentlich wohl lässt, und die Zuschauer gestehen
müssen, dass die Gabe so zu lügen, ein Laster sei,
dessen kein Dummkopf fähig ist.‘‘—Wahrlich, einen
verderblichern Einfall hätte Corneille nicht haben
können! Befolgen ihn in der Ausführung, und es ist
um alle Wahrheit, um alle Täuschung, um allen sittlichen Nutzen der Tragödie gethan! Denn die
Tugend, die immer bescheiden und einfältig ist, wird
durch jenen glänzenden Charakter eitel und roman-
tisch: das Laster aber, mit einem Firniss überzogen,
der uns überall blendet, wir mögen es aus einem Gesichtspunkte nehmen, aus welchem wir wollen. Thor-
heit bloss durch die unglücklichen Folgen von dem
Laster abschrecken wollen, indem man die innere
Hässlichkeit desselben verbirgt! Die Folgen sind
zufällig; und die Erfahrung lehrt, dass sie eben so
oft glücklich als unglücklich fallen. Dieses bezieht
sich auf die Reinigung der Leidenschaften, wie sie
Corneille sich dachte. Wie ich mir sie vorstelle, wie

sie Aristoteles gelehrt hat, ist sie vollends nicht mit
jenem trügerischen Glanze zu verbinden. Die falsche
Folie, die so dem Laster untergelegt wird, macht,
dass ich Vollkommenheiten erkenne, wo keine sind;
macht, dass ich Mitleiden habe, wo ich keins haben
sollte.—Zwar hat schon Dacier dieser Erklärung wider-
sprochen, aber aus untriftigern Gründen; und es fehlt
nicht viel, dass die, welche er mit dem Pater Le Bossu
dafür annimmt, nicht eben so nachtheilig ist, wenigstens den poetischen Vollkommenheiten des Stücks
eben so nachtheilig werden kann. Er meint nämlich,
„die Sitten sollen gut sein," heisse nichts mehr als,
sie sollen gut ausgedrückt sein, *qu'elles soient bien
marquées*. Das ist allerdings eine Regel, die, richtig
verstanden, an ihrer Stelle, aller Aufmerksamkeit des
dramatischen Dichters würdig ist. Aber wenn es die
französischen Muster nur nicht bewiesen, dass man,
„gut ausdrücken" für stark ausdrücken genommen hätte. Man hat den Ausdruck überladen, man
hat Druck auf Druck gesetzt, bis aus charakterisirten
Personen, personificirte Charaktere; aus lasterhaften
oder tugendhaften Menschen, hagere Gerippe von
Lastern und Tugenden geworden sind.—

Hier will ich diese Materie abbrechen. Wer ihr
gewachsen ist, mag die Anwendung auf unsern Richard
selbst machen.

CI, CII, CIII, CIV

Den 19. April 1768

HUNDERT und erstes bis viertes?—Ich hatte mir vor-
genommen, den Jahrgang dieser Blätter nur aus

hundert Stücken bestehen zu lassen. Zwei und fünfzig Wochen, und die Woche zwei Stück, geben zwar
allerdings hundert und vier. Aber warum sollte,
unter allen Tagewerkern, dem einzigen wöchentlichen
Schriftsteller kein Feiertag zu Statten kommen? Und
in dem ganzen Jahre nur vier: ist ja so wenig!

Die Frage ist nur: wie fange ich es am besten an?
—Der Zeug ist schon verschnitten: ich werde ein-
flicken oder recken müssen.—Aber das klingt so
stümpermässig. Mir fällt ein,—was mir gleich hätte
einfallen sollen: die Gewohnheit der Schauspieler,
auf ihre Hauptvorstellung ein kleines Nachspiel folgen
zu lassen. Das Nachspiel kann handeln, wovon es
will, und braucht mit dem Vorhergehenden nicht in
der geringsten Verbindung zu stehen.—So ein Nachspiel denn mag die Blätter nun füllen, die ich mir
ganz ersparen wollte.

Erst ein Wort von mir selbst! Denn warum sollte
nicht auch ein Nachspiel einen Prolog haben dürfen,
der sich mit einem *Poeta, cum primum animum ad
scribendum appulit*, anfinge?

Als vor Jahr und Tag einige gute Leute hier den
Einfall bekamen, einen Versuch zu machen, ob nicht
für das deutsche Theater sich etwas mehr thun lasse,
als unter der Verwaltung eines so genannten Prinzi-
pals geschehen könne: so weiss ich nicht, wie man
auf mich dabei fiel, und sich träumen liess, dass ich
bei diesem Unternehmen wohl nützlich sein könnte.
—Ich stand eben am Markte, und war müssig; niemand wollte mich dingen: ohne Zweifel, weil mich
niemand zu brauchen wusste; bis gerade auf diese
Freunde!—Noch sind mir in meinem Leben alle Be-
schäftigungen sehr gleichgültig gewesen: ich habe

mich nie zu einer gedrungen, oder nur erboten; aber
auch die geringfügigste nicht von der Hand gewiesen,
zu der ich mich aus einer Art von Prädilektion erlesen
zu sein glauben konnte.

Ob ich zur Aufnahme des hiesigen Theaters kon-
kurriren wolle? darauf war also leicht geantwortet.
Alle Bedenklichkeiten waren nur die: ob ich es könne?
und wie ich es am besten könne?

Ich bin weder Schauspieler noch Dichter.

Man erweiset mir zwar manchmal die Ehre, mich
für den letztern zu erkennen. Aber nur, weil man
mich verkennt. Aus einigen dramatischen Versuchen,
die ich gewagt habe, sollte man nicht so freigebig
folgern. Nicht jeder, der den Pinsel in die Hand
nimmt, und Farben verquistet, ist ein Maler. Die
ältesten von jenen Versuchen sind in den Jahren
hingeschrieben, in welchen man Lust und Leichtig-
keit so gern für Genie hält. Was in den neuerern
Erträgliches ist, davon bin ich mir sehr bewusst, dass
ich es einzig und allein der Kritik zu verdanken habe.
Ich fühle die lebendige Quelle nicht in mir, die durch
eigne Kraft sich empor arbeitet, durch eigne Kraft
in so reichen, so frischen, so reinen Strahlen auf-
schiesst: ich muss alles durch Druckwerk und Röhren
aus mir heraufpressen. Ich würde so arm, so kalt, so
kurzsichtig sein, wenn ich nicht einigermassen gelernt
hätte, fremde Schätze bescheiden zu borgen, an frem-
dem Feuer mich zu wärmen und durch die Gläser
der Kunst mein Auge zu stärken. Ich bin daher immer beschämt oder verdriesslich geworden, wenn ich
zum Nachtheil der Kritik etwas las oder hörte. Sie
soll das Genie ersticken: und ich schmeichelte mir,
etwas von ihr zu erhalten, was dem Genie sehr nahe

kömmt. Ich bin ein Lahmer, den eine Schmähschrift
auf die Krücke unmöglich erbauen kann.

Doch freilich; wie die Krücke dem Lahmen wohl
hilft, sich von einem Orte zum andern zu bewegen,
aber ihn nicht zum Läufer machen kann: so auch die
Kritik. Wenn ich mit ihrer Hülfe etwas zu Stande
bringe, welches besser ist, als es einer von meinen
Talenten ohne Kritik machen würde: so kostet es mir
so viel Zeit, ich muss von andern Geschäften so frei,
von unwillkürlichen Zerstreuungen so ununterbrochen
sein, ich muss meine ganze Belesenheit so gegenwärtig haben, ich muss bei jedem Schritte alle Bemerkungen, die ich jemals über Sitten und Leidenschaften gemacht, so ruhig durchlaufen können; dass
zu einem Arbeiter, der ein Theater mit Neuigkeiten
unterhalten soll, niemand in der Welt ungeschickter
sein kann, als ich.

Endlich fiel man darauf, selbst das, was mich zu
einem so langsamen, oder, wie es meinen rüstigern
Freunden scheint, so faulen Arbeiter macht, selbst
das an mir nutzen zu wollen: die Kritik. Und so
entsprang die Idee zu diesem Blatte.

Sie gefiel mir, diese Idee. Sie erinnerte mich an
die Didaskalien der Griechen, d. i. an die kurzen
Nachrichten, dergleichen selbst Aristoteles von den
Stücken der griechischen Bühne zu schreiben der
Mühe werth gehalten. Sie erinnerte mich, vor langer
Zeit einmal über den grundgelehrten Casaubonus bei
mir gelacht zu haben, der sich, aus wahrer Hochach-
tung für das Solide in den Wissenschaften, einbildete,
dass es dem Aristoteles vornehmlich um die Berich-
tigung der Chronologie bei seinen Didaskalien zu
thun gewesen.—Wahrhaftig, es wäre auch eine ewige

Schande für den Aristoteles, wenn er sich mehr um den poetischen Werth der Stücke, mehr um ihren Einfluss auf die Sitten, mehr um die Bildung des Geschmacks darin bekümmert hätte, als um die Olympiade, als um das Jahr der Olympiade, als um die Namen der Archonten, unter welchen sie zuerst aufgeführet worden.

Ich war schon Willens, das Blatt selbst Hamburgische Didaskalien zu nennen. Aber der Titel klang mir allzufremd und nun ist es mir sehr lieb, dass ich ihm diesen vorgezogen habe. Was ich in eine Dramaturgie bringen oder nicht bringen wollte, das stand bei mir: wenigstens hatte mir Lione Allacci desfalls nichts vorzuschreiben. Aber wie eine Didaskalie aussehen müsse, glauben die Gelehrten zu wissen, wenn es auch nur aus den noch vorhandenen Didaskalien des Terenz wäre, die eben dieser Casaubonus *breviter et eleganter scriptas* nennt. Ich hatte weder Lust, meine Didaskalien so kurz, noch so elegant zu schreiben: und unsere jetztlebenden Casauboni würden die Köpfe trefflich geschüttelt haben, wenn sie gefunden hätten, wie selten ich irgend eines chronologischen Umstandes gedenke, der künftig einmal, wenn Millionen anderer Bücher verloren gegangen wären, auf irgend ein historisches Faktum einiges Licht werfen könnte. In welchem Jahre Ludewigs des Fünfzehnten, ob zu Paris, oder zu Versailles, ob in Gegenwart der Prinzen vom Geblüte, oder nicht der Prinzen vom Geblüte, dieses oder jenes französische Meisterstück zuerst aufgeführt worden: das würden sie bei mir gesucht, und zu ihrem grossen Erstaunen nicht gefunden haben.

Was sonst diese Blätter werden sollten, darüber habe

ich mich in der Ankündigung erklärt; was sie wirklich
geworden, das werden meine Leser wissen. Nicht
völlig das, wozu ich sie zu machen versprach: etwas
Anderes; aber doch, denke ich, nichts Schlechteres.

„Sie sollten jeden Schritt begleiten, den die Kunst,
sowohl des Dichters, als des Schauspielers, hier thun
würde.“

Die letztere Hälfte bin ich sehr bald überdrüssig
geworden. Wir haben Schauspieler, aber keine Schau-
spielkunst. Wenn es vor Alters eine solche Kunst
gegeben hat: so haben wir sie nicht mehr; sie ist
verloren; sie muss ganz von neuem wieder erfunden
werden. Allgemeines Geschwätz darüber hat man in
verschiedenen Sprachen genug; aber spezielle, von
jedermann erkannte, mit Deutlichkeit und Präzision
abgefasste Regeln, nach welchen der Tadel oder das
Lob des Akteurs in einem besondern Falle zu bestimmen sei: deren wüsste ich kaum zwei oder drei.
Daher kommt es, dass alles Raisonnement über diese
Materie immer so schwankend und vieldeutig scheint,
dass es eben kein Wunder ist, wenn der Schauspieler,
der nichts als eine glückliche Routine hat, sich auf
alle Weise dadurch beleidigt findet. Gelobt wird er
sich nie genug, getadelt aber allezeit zu viel glauben;
ja, öfters wird er gar nicht einmal wissen, ob man ihn
tadeln oder loben wollen. Ueberhaupt hat man die
Anmerkung schon längst gemacht, dass die Empfind-
lichkeit der Künstler, in Ansehung der Kritik, in
eben dem Verhältnisse steigt, in welchem die Ge-
wissheit und Deutlichkeit und Menge der Grundsätze
ihrer Künste abnimmt.—So viel zu meiner, und selbst
zu deren Entschuldigung, ohne die ich mich nicht zu
entschuldigen hätte.

Aber die erstere Hälfte meines Versprechens? Bei
dieser ist freilich das Hier zur Zeit noch nicht sehr
in Betrachtung gekommen,—und wie hätte es auch
können? Die Schranken sind noch kaum geöffnet,
und man wollte die Wettläufer lieber schon bei dem
Ziele sehen; bei einem Ziele, das ihnen alle Augenblicke immer weiter und weiter hinausgesteckt wird?
Wenn das Publikum fragt: was ist denn nun geschehen? und mit einem höhnischen: Nichts, sich
selbst antwortet; so frage ich wiederum: und was hat
denn das Publikum gethan, damit etwas geschehen
könnte? Auch nichts; ja noch etwas Schlimmeres als
nichts. Nicht genug, dass es das Werk nicht allein
nicht befördert: es hat ihm nicht einmal seinen natürlichen Lauf gelassen.—Ueber den gutherzigen Einfall,
den Deutschen ein Nationaltheater zu verschaffen,
da wir Deutsche noch keine Nation sind! Ich rede
nicht von der politischen Verfassung, sondern bloss
von dem sittlichen Charakter. Fast sollte man sagen,
dieser sei: keinen eigenen haben zu wollen. Wir sind
noch immer die geschwornen Nachahmer alles Aus-
ländischen, besonders noch immer die unterthänigen
Bewunderer der nie genug bewunderten Franzosen;
alles was uns von jenseits des Rheins kommt, ist
schön, reizend, allerliebst, göttlich; lieber verläugnen
wir Gesicht und Gehör, als dass wir es anders finden
sollten; lieber wollen wir Plumpheit für Ungezwun-
genheit, Frechheit für Grazie, Grimasse für Ausdruck, ein Geklingel von Reimen für Poesie, Geheul
für Musik uns einreden lassen, als im geringsten an
der Superiorität zweifeln, welche dieses liebenswür-
dige Volk, dieses erste Volk in der Welt, wie es sich
selbst sehr bescheiden zu nennen pflegt, in allem,

was gut und schön und erhaben und anständig ist,
von dem gerechten Schicksale zu seinem Antheile
erhalten hat.—

Doch dieser Locus communis ist so abgedroschen,
und die nähere Anwendung desselben könnte leicht
so bitter werden, dass ich lieber davon abbreche.

Ich war also genöthigt, anstatt der Schritte, welche
die Kunst des dramatischen Dichters hier wirklich
könnte gethan haben, mich bei denen zu verweilen,
die sie vorläufig thun müsste, um sodann mit eins
ihre Bahn mit desto schnellern und grössern zu durchlaufen. Es waren die Schritte, welche ein Irrender
zurückgehen muss, um wieder auf den rechten Weg
zu gelangen und sein Ziel gerade in das Auge zu
bekommen.

Seines Fleisses darf sich jedermann rühmen: ich
glaube, die dramatische Dichtkunst studirt zu haben;
sie mehr studirt zu haben, als zwanzig, die sie ausüben.
Auch habe ich sie so weit ausgeübt, als es nöthig ist,
um mitsprechen zu dürfen: denn ich weiss wohl, so
wie der Maler sich von niemand gern tadeln lässt, der
den Pinsel ganz und gar nicht zu führen weiss, so
auch der Dichter. Ich habe es wenigstens versucht,
was er bewerkstelligen muss, und kann von dem, was
ich selbst nicht zu machen vermag, doch urtheilen,
ob es sich machen lässt. Ich verlange auch nur eine
Stimme unter uns, wo so mancher sich eine anmasst,
der, wenn er nicht dem oder jenem Ausländer nach-
plaudern gelernt hätte, stummer sein würde als ein
Fisch.

Aber man kann studiren, und sich tief in den
Irrthum hinein studiren. Was mich also versichert,
dass mir dergleichen nicht begegnet sei, dass ich das

Wesen der dramatischen Dichtkunst nicht verkenne, ist dieses, dass ich es vollkommen so erkenne, wie es Aristoteles aus den unzähligen Meisterstücken der griechischen Bühne abstrahirt hat. Ich habe von dem Entstehen, von der Grundlage der Dichtkunst dieses Philosophen, meine eigenen Gedanken, die ich hier ohne Weitläuftigkeit nicht äussern könnte. Indess steh' ich nicht an, zu bekennen, (und sollte ich in diesen erleuchteten Zeiten auch darüber ausgelacht werden!) dass ich sie für ein eben so unfehlbares Werk halte, als die Elemente des Euklides nur immer sind. Ihre Grundsätze sind eben so wahr und gewiss, nur freilich nicht so fasslich und daher mehr der Chikane ausgesetzt, als alles, was diese enthalten. Besonders getraue ich mir von der Tragödie, als über die uns die Zeit so ziemlich alles daraus gönnen wollen, unwidersprechlich zu beweisen, dass sie sich von der Richtschnur des Aristoteles keinen Schritt entfernen kann, ohne sich eben so weit von ihrer Vollkommenheit zu entfernen.

Nach dieser Ueberzeugung nahm ich mir vor, einige der berühmtesten Muster der französischen Bühne ausführlich zu beurtheilen. Denn diese Bühne soll ganz nach den Regeln des Aristoteles gebildet sein; und besonders hat man uns Deutsche bereden wollen, dass sie nur durch diese Regeln die Stufe der Vollkommenheit erreicht habe, auf welcher sie die Bühnen aller neuern Völker so weit unter sich erblicke. Wir haben das auch lange so fest geglaubt, dass bei unsern Dichtern, den Franzosen nachahmen, eben so viel gewesen ist, als nach den Regeln der Alten arbeiten.

Indess konnte das Vorurtheil nicht ewig gegen

unser Gefühl bestehen. Dieses ward, glücklicher
Weise, durch einige englische Stücke aus seinem
Schlummer erweckt und wir machten endlich die
Erfahrung, dass die Tragödie noch einer ganz andern
Wirkung fähig sei, als ihr Corneille und Racine zu
ertheilen vermocht haben. Aber geblendet von diesem
plötzlichen Strahle der Wahrheit, prallten wir gegen
den Rand eines andern Abgrundes zurück. Den eng-
lischen Stücken fehlten zu augenscheinlich gewisse
Regeln, mit welchen uns die französischen so bekannt
gemacht hatten. Was schloss man daraus? Dieses:
dass sich auch ohne diese Regeln der Zweck der
Tragödie erreichen lasse; ja, dass diese Regeln wohl
gar Schuld sein könnten, wenn man ihn weniger er-
reiche.

Und das hätte noch hingehen mögen!—Aber mit
diesen Regeln fing man an, alle Regeln zu vermen-
gen, und es überhaupt für Pedanterei zu erklären,
dem Genie vorzuschreiben, was es thun und was es
nicht thun müsse. Kurz, wir waren auf dem Punkte,
uns alle Erfahrungen der vergangenen Zeit muth-
willig zu verscherzen; und von den Dichtern lieber
zu verlangen, dass jeder die Kunst aufs neue für sich
erfinden solle.

Ich wäre eitel genug, mir einiges Verdienst um
unser Theater beizumessen, wenn ich glauben dürfte,
das einzige Mittel getroffen zu haben, diese Gährung
des Geschmacks zu hemmen. Darauf los gearbeitet
zu haben, darf ich mir wenigstens schmeicheln, indem
ich mir nichts angelegener habe sein lassen, als den
Wahn von der Regelmässigkeit der französischen
Bühne zu bestreiten. Gerade keine Nation hat die
Regeln des alten Drama mehr verkannt, als die

Franzosen. Einige beiläufige Bemerkungen, die sie
über die schicklichste Einrichtung des Drama bei
dem Aristoteles fanden, haben sie für das Wesentliche
angenommen, und das Wesentliche, durch allerlei
Einschränkungen und Deutungen, dafür so entkräftet, dass nothwendig nichts anders als Werke
daraus entstehen konnten, die weit unter der höchsten
Wirkung blieben, auf welche der Philosoph seine
Regeln kalkulirt hatte.

Ich wage es, hier eine Aeusserung zu thun, mag
man sie doch nehmen, wofür man will!—Man nenne
mir das Stück des grossen Corneille, welches ich
nicht besser machen wollte. Was gilt die Wette?—

Doch nein; ich wollte nicht gern, dass man diese
Aeusserung für Prahlerei nehmen könne. Man merke
also wohl, was ich hinzusetze: Ich werde es zuverlässig besser machen,—und doch lange kein Corneille
sein,—und doch lange noch kein Meisterstück gemacht haben. Ich werde es zuverlässig besser machen;
—und mir doch wenig darauf einbilden dürfen. Ich
werde nichts gethan haben, als was jeder thun kann,
—der so fest an den Aristoteles glaubt wie ich.

Es ist die lautere Wahrheit, dass der Nachdruck,
durch den man diese Blätter gemeinnütziger machen
wollen, die einzige Ursache ist, warum sich ihre Aus-
gabe bisher so verzögert hat, und warum sie nun
gänzlich liegen bleiben. Ehe ich ein Wort mehr
hierüber sage, erlaube man mir, den Verdacht des
Eigenthums von mir abzulehnen. Das Theater selbst
hat die Unkosten dazu hergegeben, in Hoffnung, aus
dem Verkaufe wenigstens einen ansehnlichen Theil
derselben wieder zu erhalten. Ich verliere nichts
dabei, dass diese Hoffnung fehl schlägt. Auch bin ich

gar nicht ungehalten darüber, dass ich den zur Fort-
setzung gesammelten Stoff nicht weiter an den Mann
bringen kann. Ich ziehe meine Hand von diesem
Pfluge eben so gern wieder ab, als ich sie anlegte.
Klotz und Consorten wünschen ohnedies, dass ich
sie nie angelegt hätte; und es wird sich leicht Einer
unter ihnen finden, der das Tageregister einer miss-
lungenen Unternehmung bis zu Ende führt, und mir
zeigt, was für einen periodischen Nutzen ich
einem solchen periodischen Blatte hätte ertheilen
können und sollen.

Denn ich will und kann es nicht bergen, dass diese
letzten Bogen fast ein Jahr später niedergeschrieben
worden, als ihr Datum besagt. Der süsse Traum, ein
Nationaltheater hier in Hamburg zu gründen, ist
schon wieder verschwunden: und so viel ich diesen
Ort nun habe kennen lernen, dürfte er auch wohl
gerade der sein, wo ein solcher Traum am spätesten
in Erfüllung gehen wird....

Lightning Source UK Ltd.
Milton Keynes UK
UKHW040926051119
352923UK00001B/7/P